THIS BOOK BELONGS TO:

INSTANT JOURNAL

CHART YOUR LIFE, ONE WEEK AT A TIME

A TarcherPerigee Book

An imprint of Penguin Random House LLC
375 Hudson Street
New York, New York 10014

Copyright © 2018 by Mia Nolting
Penguin supports copyright. Copyright fuels creativity, encourages diverse
voices, promotes free speech, and creates a vibrant culture. Thank you for
buying an authorized edition of this book and for complying with copyright
laws by not reproducing, scanning, or distributing any part of it in any form
without permission. You are supporting writers and allowing Penguin to
continue to publish books for every reader.

TarcherPerigee with tp colophon is a registered trademark of
Penguin Random House LLC.

Most TarcherPerigee books are available at special quantity discounts for
bulk purchase for sales promotions, premiums, fund-raising, and educational
needs. Special books or book excerpts also can be created to fit specific
needs. For details, write: SpecialMarkets@penguinrandomhouse.com.

ISBN 9780143132875

Printed in the United States of America

1 3 5 7 9 10 8 6 4 2

Book design by Mia Nolting

Penguin is committed to publishing works of quality and integrity. In that spirit,
we are proud to offer this book to our readers; however, the story, the
experiences, and the words are the author's alone.

FOR OLIN AND PADRAIC, THE
SOURCE OF MANY EMOTIONS

HOW TO USE THIS BOOK:

Each week, you'll find four pages to fill in — two pages with charts to help you keep track of your mood and feelings, and two pages with more open-ended questions to answer and reflect on. There are also quarterly checklists to summarize how things are going. As the year progresses, you'll notice patterns and see what's changed, and in a year you'll have a record of what happened, what you noticed, and how it felt.

WEEK OF: _____

	Su	M	T	W	Th	F	Sa
I'M IN LOVE	○	○	○	○	○	○	○
I'M NOT IN LOVE	○	○	○	○	○	○	○
SATISFYING DAY	○	○	○	○	○	○	○
I LEARNED SOMETHING NEW	○	○	○	○	○	○	○
FRUSTRATING DAY	○	○	○	○	○	○	○
I'M LONGING FOR SOMETHING	○	○	○	○	○	○	○
I THOUGHT ABOUT MY BREATH	○	○	○	○	○	○	○
I'M FEELING SENTIMENTAL	○	○	○	○	○	○	○
I BOUGHT SOMETHING I DON'T NEED	○	○	○	○	○	○	○
I BOUGHT SOMETHING I NEED	○	○	○	○	○	○	○
I'M AFRAID OF THE FUTURE	○	○	○	○	○	○	○
I'M CONTENT	○	○	○	○	○	○	○
I'M TIRED	○	○	○	○	○	○	○
I'M RESTLESS	○	○	○	○	○	○	○
ORDINARY DAY	○	○	○	○	○	○	○
I'M WORRIED FOR NO REASON	○	○	○	○	○	○	○
I FEEL ACCOMPLISHED	○	○	○	○	○	○	○
I FEEL LOVED	○	○	○	○	○	○	○
I'M OVERWHELMED	○	○	○	○	○	○	○

HOW DID I SPEND MY TIME? (Pie chart fill-in)

ENJOYING ☐
COMPLAINING ■

IN ROUTINE ☐
IN SPONTANEITY ■

WORKING MINDFULLY ☐
WORKING MINDLESSLY ■

CONSUMING ☐
PRODUCING ■

TALKING ☐
LISTENING ■

RELAXING ☐
HUSTLING ■

INVENTORY (color in)

	a little	a lot
MOMENTUM FOR PROJECTS		
HOW TIRED AM I ?		
HOW CONTENT AM I ?		
HOW ANNOYED AM I ?		
HOW OVERWHELMED AM I ?		
HOW INSPIRED AM I ?		

An unbearable current event:

An event I feel OK about:

An event that hits close to home :

A drawing from memory of someone or something
I'm thankful for:

WEEK OF: _____

	Su	M	T	W	Th	F	Sa
I'M IN LOVE	○	○	○	○	○	○	○
I'M NOT IN LOVE	○	○	○	○	○	○	○
SATISFYING DAY	○	○	○	○	○	○	○
I LEARNED SOMETHING NEW	○	○	○	○	○	○	○
FRUSTRATING DAY	○	○	○	○	○	○	○
I'M LONGING FOR SOMETHING	○	○	○	○	○	○	○
I THOUGHT ABOUT MY BREATH	○	○	○	○	○	○	○
I'M FEELING SENTIMENTAL	○	○	○	○	○	○	○
I BOUGHT SOMETHING I DON'T NEED	○	○	○	○	○	○	○
I BOUGHT SOMETHING I NEED	○	○	○	○	○	○	○
I'M AFRAID OF THE FUTURE	○	○	○	○	○	○	○
I'M CONTENT	○	○	○	○	○	○	○
I'M TIRED	○	○	○	○	○	○	○
I'M RESTLESS	○	○	○	○	○	○	○
ORDINARY DAY	○	○	○	○	○	○	○
I'M WORRIED FOR NO REASON	○	○	○	○	○	○	○
I FEEL ACCOMPLISHED	○	○	○	○	○	○	○
I FEEL LOVED	○	○	○	○	○	○	○
I'M OVERWHELMED	○	○	○	○	○	○	○

HOW DID I SPEND MY TIME? (Pie chart fill-in)

ENJOYING ☐
COMPLAINING ■

IN ROUTINE ☐
IN SPONTANEITY ■

WORKING MINDFULLY ☐
WORKING MINDLESSLY ■

CONSUMING ☐
PRODUCING ■

TALKING ☐
LISTENING ■

RELAXING ☐
HUSTLING ■

INVENTORY (color in)

a little   a lot

MOMENTUM FOR PROJECTS

HOW TIRED AM I?

HOW CONTENT AM I?

HOW ANNOYED AM I?

HOW OVERWHELMED AM I?

HOW INSPIRED AM I?

Someone I'm thinking about:

Where are they now?

The last thing I remember about them:

A list of things that are always true:

WEEK OF: _____

	Su	M	T	W	Th	F	Sa
I'M IN LOVE	○	○	○	○	○	○	○
I'M NOT IN LOVE	○	○	○	○	○	○	○
SATISFYING DAY	○	○	○	○	○	○	○
I LEARNED SOMETHING NEW	○	○	○	○	○	○	○
FRUSTRATING DAY	○	○	○	○	○	○	○
I'M LONGING FOR SOMETHING	○	○	○	○	○	○	○
I THOUGHT ABOUT MY BREATH	○	○	○	○	○	○	○
I'M FEELING SENTIMENTAL	○	○	○	○	○	○	○
I BOUGHT SOMETHING I DON'T NEED	○	○	○	○	○	○	○
I BOUGHT SOMETHING I NEED	○	○	○	○	○	○	○
I'M AFRAID OF THE FUTURE	○	○	○	○	○	○	○
I'M CONTENT	○	○	○	○	○	○	○
I'M TIRED	○	○	○	○	○	○	○
I'M RESTLESS	○	○	○	○	○	○	○
ORDINARY DAY	○	○	○	○	○	○	○
I'M WORRIED FOR NO REASON	○	○	○	○	○	○	○
I FEEL ACCOMPLISHED	○	○	○	○	○	○	○
I FEEL LOVED	○	○	○	○	○	○	○
I'M OVERWHELMED	○	○	○	○	○	○	○

HOW DID I SPEND MY TIME? (Pie chart fill-in)

ENJOYING ☐
COMPLAINING ☑

IN ROUTINE ☐
IN SPONTANEITY ☑

WORKING MINDFULLY ☐
WORKING MINDLESSLY ☑

CONSUMING ☐
PRODUCING ☑

TALKING ☐
LISTENING ☑

RELAXING ☐
HUSTLING ☑

INVENTORY (color in)

	a little	a lot
MOMENTUM FOR PROJECTS		
HOW TIRED AM I?		
HOW CONTENT AM I?		
HOW ANNOYED AM I?		
HOW OVERWHELMED AM I?		
HOW INSPIRED AM I?		

A recent professional accomplishment:

A recent personal accomplishment:

A recent accomplishment by someone I know:

Weekly mood:

(circle all that apply)

sensitive   agitated
          pensive

passionate   sheepish
             connected
     helpless
                        alert
obsessive   passive

        hostile   alarmed

thankful   peaceful   elated

                    content
    joyful
          stunned   decisive
frustrated
          loving   outraged
    melancholy
                remorseful
  disappointed
        satisfied

WEEK OF: _____

	Su	M	T	W	Th	F	Sa
I'M IN LOVE	O	O	O	O	O	O	O
I'M NOT IN LOVE	O	O	O	O	O	O	O
SATISFYING DAY	O	O	O	O	O	O	O
I LEARNED SOMETHING NEW	O	O	O	O	O	O	O
FRUSTRATING DAY	O	O	O	O	O	O	O
I'M LONGING FOR SOMETHING	O	O	O	O	O	O	O
I THOUGHT ABOUT MY BREATH	O	O	O	O	O	O	O
I'M FEELING SENTIMENTAL	O	O	O	O	O	O	O
I BOUGHT SOMETHING I DON'T NEED	O	O	O	O	O	O	O
I BOUGHT SOMETHING I NEED	O	O	O	O	O	O	O
I'M AFRAID OF THE FUTURE	O	O	O	O	O	O	O
I'M CONTENT	O	O	O	O	O	O	O
I'M TIRED	O	O	O	O	O	O	O
I'M RESTLESS	O	O	O	O	O	O	O
ORDINARY DAY	O	O	O	O	O	O	O
I'M WORRIED FOR NO REASON	O	O	O	O	O	O	O
I FEEL ACCOMPLISHED	O	O	O	O	O	O	O
I FEEL LOVED	O	O	O	O	O	O	O
I'M OVERWHELMED	O	O	O	O	O	O	O

HOW DID I SPEND MY TIME? (Pie chart fill-in)

ENJOYING ☐
COMPLAINING ■

IN ROUTINE ☐
IN SPONTANEITY ■

WORKING MINDFULLY ☐
WORKING MINDLESSLY ■

CONSUMING ☐
PRODUCING ■

TALKING ☐
LISTENING ■

RELAXING ☐
HUSTLING ■

INVENTORY (color in)

a little   a lot

MOMENTUM FOR PROJECTS

HOW TIRED AM I?

HOW CONTENT AM I?

HOW ANNOYED AM I?

HOW OVERWHELMED AM I?

HOW INSPIRED AM I?

Something I feel negative about:

Something I feel optimistic about:

Something I'm longing for:

Ideas for how to be a nicer person:

WEEK OF: _____

	Su	M	T	W	Th	F	Sa
I'M IN LOVE	○	○	○	○	○	○	○
I'M NOT IN LOVE	○	○	○	○	○	○	○
SATISFYING DAY	○	○	○	○	○	○	○
I LEARNED SOMETHING NEW	○	○	○	○	○	○	○
FRUSTRATING DAY	○	○	○	○	○	○	○
I'M LONGING FOR SOMETHING	○	○	○	○	○	○	○
I THOUGHT ABOUT MY BREATH	○	○	○	○	○	○	○
I'M FEELING SENTIMENTAL	○	○	○	○	○	○	○
I BOUGHT SOMETHING I DON'T NEED	○	○	○	○	○	○	○
I BOUGHT SOMETHING I NEED	○	○	○	○	○	○	○
I'M AFRAID OF THE FUTURE	○	○	○	○	○	○	○
I'M CONTENT	○	○	○	○	○	○	○
I'M TIRED	○	○	○	○	○	○	○
I'M RESTLESS	○	○	○	○	○	○	○
ORDINARY DAY	○	○	○	○	○	○	○
I'M WORRIED FOR NO REASON	○	○	○	○	○	○	○
I FEEL ACCOMPLISHED	○	○	○	○	○	○	○
I FEEL LOVED	○	○	○	○	○	○	○
I'M OVERWHELMED	○	○	○	○	○	○	○

HOW DID I SPEND MY TIME? (Pie chart fill-in)

○	○	○
ENJOYING ☐	IN ROUTINE ☐	WORKING MINDFULLY ☐
COMPLAINING ■	IN SPONTANEITY ■	WORKING MINDLESSLY ■
○	○	○
CONSUMING ☐	TALKING ☐	RELAXING ☐
PRODUCING ■	LISTENING ■	HUSTLING ■

INVENTORY (color in)

	a little	a lot
MOMENTUM FOR PROJECTS		
HOW TIRED AM I?		
HOW CONTENT AM I?		
HOW ANNOYED AM I?		
HOW OVERWHELMED AM I?		
HOW INSPIRED AM I?		

Something I did that I regret:

Something I'm proud of:

Something I'd like to change:

Something I'd like to stay the same:

A visual description of someone I respect :

WEEK OF: _____

	Su	M	T	W	Th	F	Sa
I'M IN LOVE	○	○	○	○	○	○	○
I'M NOT IN LOVE	○	○	○	○	○	○	○
SATISFYING DAY	○	○	○	○	○	○	○
I LEARNED SOMETHING NEW	○	○	○	○	○	○	○
FRUSTRATING DAY	○	○	○	○	○	○	○
I'M LONGING FOR SOMETHING	○	○	○	○	○	○	○
I THOUGHT ABOUT MY BREATH	○	○	○	○	○	○	○
I'M FEELING SENTIMENTAL	○	○	○	○	○	○	○
I BOUGHT SOMETHING I DON'T NEED	○	○	○	○	○	○	○
I BOUGHT SOMETHING I NEED	○	○	○	○	○	○	○
I'M AFRAID OF THE FUTURE	○	○	○	○	○	○	○
I'M CONTENT	○	○	○	○	○	○	○
I'M TIRED	○	○	○	○	○	○	○
I'M RESTLESS	○	○	○	○	○	○	○
ORDINARY DAY	○	○	○	○	○	○	○
I'M WORRIED FOR NO REASON	○	○	○	○	○	○	○
I FEEL ACCOMPLISHED	○	○	○	○	○	○	○
I FEEL LOVED	○	○	○	○	○	○	○
I'M OVERWHELMED	○	○	○	○	○	○	○

HOW DID I SPEND MY TIME? (Pie chart fill-in)

ENJOYING ☐
COMPLAINING ■

IN ROUTINE ☐
IN SPONTANEITY ■

WORKING MINDFULLY ☐
WORKING MINDLESSLY ■

CONSUMING ☐
PRODUCING ■

TALKING ☐
LISTENING ■

RELAXING ☐
HUSTLING ■

INVENTORY (color in)

	a little	a lot
MOMENTUM FOR PROJECTS		
HOW TIRED AM I?		
HOW CONTENT AM I?		
HOW ANNOYED AM I?		
HOW OVERWHELMED AM I?		
HOW INSPIRED AM I?		

Something I'm worried about and how I'm fixing it :

Something I'm worried about and avoiding :

Something I'm stuck on :

Self-portrait as a tree:

WEEK OF: _____

	Su	M	T	W	Th	F	Sa
I'M IN LOVE	O	O	O	O	O	O	O
I'M NOT IN LOVE	O	O	O	O	O	O	O
SATISFYING DAY	O	O	O	O	O	O	O
I LEARNED SOMETHING NEW	O	O	O	O	O	O	O
FRUSTRATING DAY	O	O	O	O	O	O	O
I'M LONGING FOR SOMETHING	O	O	O	O	O	O	O
I THOUGHT ABOUT MY BREATH	O	O	O	O	O	O	O
I'M FEELING SENTIMENTAL	O	O	O	O	O	O	O
I BOUGHT SOMETHING I DON'T NEED	O	O	O	O	O	O	O
I BOUGHT SOMETHING I NEED	O	O	O	O	O	O	O
I'M AFRAID OF THE FUTURE	O	O	O	O	O	O	O
I'M CONTENT	O	O	O	O	O	O	O
I'M TIRED	O	O	O	O	O	O	O
I'M RESTLESS	O	O	O	O	O	O	O
ORDINARY DAY	O	O	O	O	O	O	O
I'M WORRIED FOR NO REASON	O	O	O	O	O	O	O
I FEEL ACCOMPLISHED	O	O	O	O	O	O	O
I FEEL LOVED	O	O	O	O	O	O	O
I'M OVERWHELMED	O	O	O	O	O	O	O

HOW DID I SPEND MY TIME? (Pie chart fill-in)

ENJOYING ☐
COMPLAINING ■

IN ROUTINE ☐
IN SPONTANEITY ■

WORKING MINDFULLY ☐
WORKING MINDLESSLY ■

CONSUMING ☐
PRODUCING ■

TALKING ☐
LISTENING ■

RELAXING ☐
HUSTLING ■

INVENTORY (color in)

a little   a lot

MOMENTUM FOR PROJECTS

HOW TIRED AM I?

HOW CONTENT AM I?

HOW ANNOYED AM I?

HOW OVERWHELMED AM I?

HOW INSPIRED AM I?

Someone I'd like to forgive:

Someone I'd like to be friends with:

Someone I wish I liked but don't:

Things I need to create a balance with:

(circle all that apply)

caffeine

love

social media

money

sleep

exercise

Ideas for how:

WEEK OF: _____

	Su	M	T	W	Th	F	Sa
I'M IN LOVE	○	○	○	○	○	○	○
I'M NOT IN LOVE	○	○	○	○	○	○	○
SATISFYING DAY	○	○	○	○	○	○	○
I LEARNED SOMETHING NEW	○	○	○	○	○	○	○
FRUSTRATING DAY	○	○	○	○	○	○	○
I'M LONGING FOR SOMETHING	○	○	○	○	○	○	○
I THOUGHT ABOUT MY BREATH	○	○	○	○	○	○	○
I'M FEELING SENTIMENTAL	○	○	○	○	○	○	○
I BOUGHT SOMETHING I DON'T NEED	○	○	○	○	○	○	○
I BOUGHT SOMETHING I NEED	○	○	○	○	○	○	○
I'M AFRAID OF THE FUTURE	○	○	○	○	○	○	○
I'M CONTENT	○	○	○	○	○	○	○
I'M TIRED	○	○	○	○	○	○	○
I'M RESTLESS	○	○	○	○	○	○	○
ORDINARY DAY	○	○	○	○	○	○	○
I'M WORRIED FOR NO REASON	○	○	○	○	○	○	○
I FEEL ACCOMPLISHED	○	○	○	○	○	○	○
I FEEL LOVED	○	○	○	○	○	○	○
I'M OVERWHELMED	○	○	○	○	○	○	○

HOW DID I SPEND MY TIME? (Pie chart fill-in)

ENJOYING ☐
COMPLAINING ■

IN ROUTINE ☐
IN SPONTANEITY ■

WORKING MINDFULLY ☐
WORKING MINDLESSLY ■

CONSUMING ☐
PRODUCING ■

TALKING ☐
LISTENING ■

RELAXING ☐
HUSTLING ■

INVENTORY (color in)

a little   a lot

MOMENTUM FOR PROJECTS

HOW TIRED AM I?

HOW CONTENT AM I?

HOW ANNOYED AM I?

HOW OVERWHELMED AM I?

HOW INSPIRED AM I?

Something I started that I'd like to finish:

Something I don't care about finishing:

Something ongoing I've kept up with:

People I owe an apology to :

WEEK OF: _____

	Su	M	T	W	Th	F	Sa
I'M IN LOVE	○	○	○	○	○	○	○
I'M NOT IN LOVE	○	○	○	○	○	○	○
SATISFYING DAY	○	○	○	○	○	○	○
I LEARNED SOMETHING NEW	○	○	○	○	○	○	○
FRUSTRATING DAY	○	○	○	○	○	○	○
I'M LONGING FOR SOMETHING	○	○	○	○	○	○	○
I THOUGHT ABOUT MY BREATH	○	○	○	○	○	○	○
I'M FEELING SENTIMENTAL	○	○	○	○	○	○	○
I BOUGHT SOMETHING I DON'T NEED	○	○	○	○	○	○	○
I BOUGHT SOMETHING I NEED	○	○	○	○	○	○	○
I'M AFRAID OF THE FUTURE	○	○	○	○	○	○	○
I'M CONTENT	○	○	○	○	○	○	○
I'M TIRED	○	○	○	○	○	○	○
I'M RESTLESS	○	○	○	○	○	○	○
ORDINARY DAY	○	○	○	○	○	○	○
I'M WORRIED FOR NO REASON	○	○	○	○	○	○	○
I FEEL ACCOMPLISHED	○	○	○	○	○	○	○
I FEEL LOVED	○	○	○	○	○	○	○
I'M OVERWHELMED	○	○	○	○	○	○	○

HOW DID I SPEND MY TIME? (Pie chart fill-in)

ENJOYING ☐
COMPLAINING ◼

IN ROUTINE ☐
IN SPONTANEITY ◼

WORKING MINDFULLY ☐
WORKING MINDLESSLY ◼

CONSUMING ☐
PRODUCING ◼

TALKING ☐
LISTENING ◼

RELAXING ☐
HUSTLING ◼

INVENTORY (color in)

	a little	a lot
MOMENTUM FOR PROJECTS		
HOW TIRED AM I?		
HOW CONTENT AM I?		
HOW ANNOYED AM I?		
HOW OVERWHELMED AM I?		
HOW INSPIRED AM I?		

Three words to describe my physical state:

Something surprising in the news:

Something I took on that I shouldn't have:

A list of admirable qualities I'm currently cultivating or already have :

WEEK OF: _____

	Su	M	T	W	Th	F	Sa
I'M IN LOVE	○	○	○	○	○	○	○
I'M NOT IN LOVE	○	○	○	○	○	○	○
SATISFYING DAY	○	○	○	○	○	○	○
I LEARNED SOMETHING NEW	○	○	○	○	○	○	○
FRUSTRATING DAY	○	○	○	○	○	○	○
I'M LONGING FOR SOMETHING	○	○	○	○	○	○	○
I THOUGHT ABOUT MY BREATH	○	○	○	○	○	○	○
I'M FEELING SENTIMENTAL	○	○	○	○	○	○	○
I BOUGHT SOMETHING I DON'T NEED	○	○	○	○	○	○	○
I BOUGHT SOMETHING I NEED	○	○	○	○	○	○	○
I'M AFRAID OF THE FUTURE	○	○	○	○	○	○	○
I'M CONTENT	○	○	○	○	○	○	○
I'M TIRED	○	○	○	○	○	○	○
I'M RESTLESS	○	○	○	○	○	○	○
ORDINARY DAY	○	○	○	○	○	○	○
I'M WORRIED FOR NO REASON	○	○	○	○	○	○	○
I FEEL ACCOMPLISHED	○	○	○	○	○	○	○
I FEEL LOVED	○	○	○	○	○	○	○
I'M OVERWHELMED	○	○	○	○	○	○	○

HOW DID I SPEND MY TIME? (Pie chart fill-in)

ENJOYING ☐	IN ROUTINE ☐	WORKING MINDFULLY ☐
COMPLAINING ■	IN SPONTANEITY ■	WORKING MINDLESSLY ■

CONSUMING ☐	TALKING ☐	RELAXING ☐
PRODUCING ■	LISTENING ■	HUSTLING ■

INVENTORY (color in)

	a little	a lot
MOMENTUM FOR PROJECTS		
HOW TIRED AM I?		
HOW CONTENT AM I?		
HOW ANNOYED AM I?		
HOW OVERWHELMED AM I?		
HOW INSPIRED AM I?		

Something I know that I wish I didn't:

Someone I'd like to thank:

Something I'm looking forward to:

Appropriate reasons I'm sleep deprived:

Inappropriate reasons:

WEEK OF: _____

	Su	M	T	W	Th	F	Sa
I'M IN LOVE	O	O	O	O	O	O	O
I'M NOT IN LOVE	O	O	O	O	O	O	O
SATISFYING DAY	O	O	O	O	O	O	O
I LEARNED SOMETHING NEW	O	O	O	O	O	O	O
FRUSTRATING DAY	O	O	O	O	O	O	O
I'M LONGING FOR SOMETHING	O	O	O	O	O	O	O
I THOUGHT ABOUT MY BREATH	O	O	O	O	O	O	O
I'M FEELING SENTIMENTAL	O	O	O	O	O	O	O
I BOUGHT SOMETHING I DON'T NEED	O	O	O	O	O	O	O
I BOUGHT SOMETHING I NEED	O	O	O	O	O	O	O
I'M AFRAID OF THE FUTURE	O	O	O	O	O	O	O
I'M CONTENT	O	O	O	O	O	O	O
I'M TIRED	O	O	O	O	O	O	O
I'M RESTLESS	O	O	O	O	O	O	O
ORDINARY DAY	O	O	O	O	O	O	O
I'M WORRIED FOR NO REASON	O	O	O	O	O	O	O
I FEEL ACCOMPLISHED	O	O	O	O	O	O	O
I FEEL LOVED	O	O	O	O	O	O	O
I'M OVERWHELMED	O	O	O	O	O	O	O

HOW DID I SPEND MY TIME? (Pie chart fill-in)

ENJOYING ☐
COMPLAINING ■

IN ROUTINE ☐
IN SPONTANEITY ■

WORKING MINDFULLY ☐
WORKING MINDLESSLY ■

CONSUMING ☐
PRODUCING ■

TALKING ☐
LISTENING ■

RELAXING ☐
HUSTLING ■

INVENTORY (color in)

	a little	a lot
MOMENTUM FOR PROJECTS		
HOW TIRED AM I?		
HOW CONTENT AM I?		
HOW ANNOYED AM I?		
HOW OVERWHELMED AM I?		
HOW INSPIRED AM I?		

Something I read that has stuck with me:

Someone I have a grievance with:

Something I'm obsessing over:

Something I need to stop thinking about:

Things I miss from my childhood:

Things I don't miss:

WEEK OF: _____

	Su	M	T	W	Th	F	Sa
I'M IN LOVE	○	○	○	○	○	○	○
I'M NOT IN LOVE	○	○	○	○	○	○	○
SATISFYING DAY	○	○	○	○	○	○	○
I LEARNED SOMETHING NEW	○	○	○	○	○	○	○
FRUSTRATING DAY	○	○	○	○	○	○	○
I'M LONGING FOR SOMETHING	○	○	○	○	○	○	○
I THOUGHT ABOUT MY BREATH	○	○	○	○	○	○	○
I'M FEELING SENTIMENTAL	○	○	○	○	○	○	○
I BOUGHT SOMETHING I DON'T NEED	○	○	○	○	○	○	○
I BOUGHT SOMETHING I NEED	○	○	○	○	○	○	○
I'M AFRAID OF THE FUTURE	○	○	○	○	○	○	○
I'M CONTENT	○	○	○	○	○	○	○
I'M TIRED	○	○	○	○	○	○	○
I'M RESTLESS	○	○	○	○	○	○	○
ORDINARY DAY	○	○	○	○	○	○	○
I'M WORRIED FOR NO REASON	○	○	○	○	○	○	○
I FEEL ACCOMPLISHED	○	○	○	○	○	○	○
I FEEL LOVED	○	○	○	○	○	○	○
I'M OVERWHELMED	○	○	○	○	○	○	○

HOW DID I SPEND MY TIME? (Pie chart fill-in)

ENJOYING ☐
COMPLAINING ◼

IN ROUTINE ☐
IN SPONTANEITY ◼

WORKING MINDFULLY ☐
WORKING MINDLESSLY ◼

CONSUMING ☐
PRODUCING ◼

TALKING ☐
LISTENING ◼

RELAXING ☐
HUSTLING ◼

INVENTORY (color in)

a little   a lot

MOMENTUM FOR PROJECTS

HOW TIRED AM I?

HOW CONTENT AM I?

HOW ANNOYED AM I?

HOW OVERWHELMED AM I?

HOW INSPIRED AM I?

Something I feel guilty about :

Something that surprised me :

Someone I need to practice boundaries with:

Reasonable and unreasonable expectations I have
for myself and others:

WEEK OF: _____

	Su	M	T	W	Th	F	Sa
I'M IN LOVE	○	○	○	○	○	○	○
I'M NOT IN LOVE	○	○	○	○	○	○	○
SATISFYING DAY	○	○	○	○	○	○	○
I LEARNED SOMETHING NEW	○	○	○	○	○	○	○
FRUSTRATING DAY	○	○	○	○	○	○	○
I'M LONGING FOR SOMETHING	○	○	○	○	○	○	○
I THOUGHT ABOUT MY BREATH	○	○	○	○	○	○	○
I'M FEELING SENTIMENTAL	○	○	○	○	○	○	○
I BOUGHT SOMETHING I DON'T NEED	○	○	○	○	○	○	○
I BOUGHT SOMETHING I NEED	○	○	○	○	○	○	○
I'M AFRAID OF THE FUTURE	○	○	○	○	○	○	○
I'M CONTENT	○	○	○	○	○	○	○
I'M TIRED	○	○	○	○	○	○	○
I'M RESTLESS	○	○	○	○	○	○	○
ORDINARY DAY	○	○	○	○	○	○	○
I'M WORRIED FOR NO REASON	○	○	○	○	○	○	○
I FEEL ACCOMPLISHED	○	○	○	○	○	○	○
I FEEL LOVED	○	○	○	○	○	○	○
I'M OVERWHELMED	○	○	○	○	○	○	○

HOW DID I SPEND MY TIME? (Pie chart fill-in)

ENJOYING ☐
COMPLAINING ◼

IN ROUTINE ☐
IN SPONTANEITY ◼

WORKING MINDFULLY ☐
WORKING MINDLESSLY ◼

CONSUMING ☐
PRODUCING ◼

TALKING ☐
LISTENING ◼

RELAXING ☐
HUSTLING ◼

INVENTORY (color in)

a little   a lot

MOMENTUM FOR PROJECTS

HOW TIRED AM I?

HOW CONTENT AM I?

HOW ANNOYED AM I?

HOW OVERWHELMED AM I?

HOW INSPIRED AM I?

Something I did that I can't forgive myself for:

I need more (circle all that apply):

sleep   love   leisure time

exercise   responsibility

A deep fear I'm afraid to write down:

Weekly mood:

(circle all that apply)

grateful   lonely   curious

        tender   hopeless   playful

warm   ignored   stunned

    ecstatic   pessimistic   delighted

        fearful   embarrassed

bitter

    irritated   insecure   inept

jaded   incompetent

        useless

    defensive   lethargic
                    nervous

    exhausted   nostalgic

QUARTERLY SURVEY

Date:

Check all that apply.

- ☐ I'M OK
- ☐ I'M NOT OK
- ☐ I REEK OF DESPERATION
- ☐ I'M BORED
- ☐ I'VE LOST ALL TRUST IN AUTHORITY
- ☐ I'M EXCITED ABOUT THE FUTURE
- ☐ I'M NERVOUS ABOUT THE FUTURE
- ☐ I'M IN LOVE
- ☐ I'M NOT IN LOVE
- ☐ I'M OVERWHELMED
- ☐ I'M SLEEPING WELL
- ☐ I'M CONFLICTED
- ☐ I'M AT PEACE
- ☐ I'M HAVING A HARD TIME
- ☐ I'M IN LOVE WITH SOMEONE WHO LOVES ME BACK
- ☐ I'M IN LOVE WITH SOMEONE WHO'S INDIFFERENT
- ☐ I'M OBSESSING OVER THINGS I CAN'T CONTROL
- ☐ I'M OPTIMISTIC
- ☐ I'M FEELING NOSTALGIC
- ☐ I'M EATING WELL

Regarding my relationship status:
(circle all that apply)

need to run

looks good from the outside

ok

needs improvement

confusing

infuriating

I'm anxious

I'm optimistic

joyful

I'm thankful

I'm pretending to be happy

I'm at peace

I'm in control

I'm disgusted

I'm content

WEEK OF: _____

	Su	M	T	W	Th	F	Sa
I'M IN LOVE	○	○	○	○	○	○	○
I'M NOT IN LOVE	○	○	○	○	○	○	○
SATISFYING DAY	○	○	○	○	○	○	○
I LEARNED SOMETHING NEW	○	○	○	○	○	○	○
FRUSTRATING DAY	○	○	○	○	○	○	○
I'M LONGING FOR SOMETHING	○	○	○	○	○	○	○
I THOUGHT ABOUT MY BREATH	○	○	○	○	○	○	○
I'M FEELING SENTIMENTAL	○	○	○	○	○	○	○
I BOUGHT SOMETHING I DON'T NEED	○	○	○	○	○	○	○
I BOUGHT SOMETHING I NEED	○	○	○	○	○	○	○
I'M AFRAID OF THE FUTURE	○	○	○	○	○	○	○
I'M CONTENT	○	○	○	○	○	○	○
I'M TIRED	○	○	○	○	○	○	○
I'M RESTLESS	○	○	○	○	○	○	○
ORDINARY DAY	○	○	○	○	○	○	○
I'M WORRIED FOR NO REASON	○	○	○	○	○	○	○
I FEEL ACCOMPLISHED	○	○	○	○	○	○	○
I FEEL LOVED	○	○	○	○	○	○	○
I'M OVERWHELMED	○	○	○	○	○	○	○

HOW DID I SPEND MY TIME? (Pie chart fill-in)

ENJOYING ☐
COMPLAINING ■

IN ROUTINE ☐
IN SPONTANEITY ■

WORKING MINDFULLY ☐
WORKING MINDLESSLY ■

CONSUMING ☐
PRODUCING ■

TALKING ☐
LISTENING ■

RELAXING ☐
HUSTLING ■

INVENTORY (color in)

	a little	a lot
MOMENTUM FOR PROJECTS		
HOW TIRED AM I?		
HOW CONTENT AM I?		
HOW ANNOYED AM I?		
HOW OVERWHELMED AM I?		
HOW INSPIRED AM I?		

Something I feel desperate about in a good way :

Something I feel desperate about in a bad way :

Something I feel ambivalent about :

Ideas for allowing myself to relax that don't take too much time or money:

WEEK OF: _____

	Su	M	T	W	Th	F	Sa
I'M IN LOVE	○	○	○	○	○	○	○
I'M NOT IN LOVE	○	○	○	○	○	○	○
SATISFYING DAY	○	○	○	○	○	○	○
I LEARNED SOMETHING NEW	○	○	○	○	○	○	○
FRUSTRATING DAY	○	○	○	○	○	○	○
I'M LONGING FOR SOMETHING	○	○	○	○	○	○	○
I THOUGHT ABOUT MY BREATH	○	○	○	○	○	○	○
I'M FEELING SENTIMENTAL	○	○	○	○	○	○	○
I BOUGHT SOMETHING I DON'T NEED	○	○	○	○	○	○	○
I BOUGHT SOMETHING I NEED	○	○	○	○	○	○	○
I'M AFRAID OF THE FUTURE	○	○	○	○	○	○	○
I'M CONTENT	○	○	○	○	○	○	○
I'M TIRED	○	○	○	○	○	○	○
I'M RESTLESS	○	○	○	○	○	○	○
ORDINARY DAY	○	○	○	○	○	○	○
I'M WORRIED FOR NO REASON	○	○	○	○	○	○	○
I FEEL ACCOMPLISHED	○	○	○	○	○	○	○
I FEEL LOVED	○	○	○	○	○	○	○
I'M OVERWHELMED	○	○	○	○	○	○	○

HOW DID I SPEND MY TIME? (Pie chart fill-in)

ENJOYING ☐
COMPLAINING ■

IN ROUTINE ☐
IN SPONTANEITY ■

WORKING MINDFULLY ☐
WORKING MINDLESSLY ■

CONSUMING ☐
PRODUCING ■

TALKING ☐
LISTENING ■

RELAXING ☐
HUSTLING ■

INVENTORY (color in)

a little   a lot

MOMENTUM FOR PROJECTS

HOW TIRED AM I?

HOW CONTENT AM I?

HOW ANNOYED AM I?

HOW OVERWHELMED AM I?

HOW INSPIRED AM I?

Someone I'm intimidated by:

Someone I'm afraid to confront:

Something that makes me mad that I'm scared to talk about:

A drawing of a spiral, starting in the middle of the page

(a meditation):

WEEK OF: _____

	Su	M	T	W	Th	F	Sa
I'M IN LOVE	○	○	○	○	○	○	○
I'M NOT IN LOVE	○	○	○	○	○	○	○
SATISFYING DAY	○	○	○	○	○	○	○
I LEARNED SOMETHING NEW	○	○	○	○	○	○	○
FRUSTRATING DAY	○	○	○	○	○	○	○
I'M LONGING FOR SOMETHING	○	○	○	○	○	○	○
I THOUGHT ABOUT MY BREATH	○	○	○	○	○	○	○
I'M FEELING SENTIMENTAL	○	○	○	○	○	○	○
I BOUGHT SOMETHING I DON'T NEED	○	○	○	○	○	○	○
I BOUGHT SOMETHING I NEED	○	○	○	○	○	○	○
I'M AFRAID OF THE FUTURE	○	○	○	○	○	○	○
I'M CONTENT	○	○	○	○	○	○	○
I'M TIRED	○	○	○	○	○	○	○
I'M RESTLESS	○	○	○	○	○	○	○
ORDINARY DAY	○	○	○	○	○	○	○
I'M WORRIED FOR NO REASON	○	○	○	○	○	○	○
I FEEL ACCOMPLISHED	○	○	○	○	○	○	○
I FEEL LOVED	○	○	○	○	○	○	○
I'M OVERWHELMED	○	○	○	○	○	○	○

HOW DID I SPEND MY TIME? (Pie chart fill-in)

ENJOYING ☐
COMPLAINING ■

IN ROUTINE ☐
IN SPONTANEITY ■

WORKING MINDFULLY ☐
WORKING MINDLESSLY ■

CONSUMING ☐
PRODUCING ■

TALKING ☐
LISTENING ■

RELAXING ☐
HUSTLING ■

INVENTORY (color in)

a little   a lot

MOMENTUM FOR PROJECTS

HOW TIRED AM I?

HOW CONTENT AM I?

HOW ANNOYED AM I?

HOW OVERWHELMED AM I?

HOW INSPIRED AM I?

My most memorable romantic relationship:

My most important non-romantic relationship:

Someone I'd have a relationship with in another life:

Something I need to rant about to get it out of my system:

WEEK OF: _____

	Su	M	T	W	Th	F	Sa
I'M IN LOVE	O	O	O	O	O	O	O
I'M NOT IN LOVE	O	O	O	O	O	O	O
SATISFYING DAY	O	O	O	O	O	O	O
I LEARNED SOMETHING NEW	O	O	O	O	O	O	O
FRUSTRATING DAY	O	O	O	O	O	O	O
I'M LONGING FOR SOMETHING	O	O	O	O	O	O	O
I THOUGHT ABOUT MY BREATH	O	O	O	O	O	O	O
I'M FEELING SENTIMENTAL	O	O	O	O	O	O	O
I BOUGHT SOMETHING I DON'T NEED	O	O	O	O	O	O	O
I BOUGHT SOMETHING I NEED	O	O	O	O	O	O	O
I'M AFRAID OF THE FUTURE	O	O	O	O	O	O	O
I'M CONTENT	O	O	O	O	O	O	O
I'M TIRED	O	O	O	O	O	O	O
I'M RESTLESS	O	O	O	O	O	O	O
ORDINARY DAY	O	O	O	O	O	O	O
I'M WORRIED FOR NO REASON	O	O	O	O	O	O	O
I FEEL ACCOMPLISHED	O	O	O	O	O	O	O
I FEEL LOVED	O	O	O	O	O	O	O
I'M OVERWHELMED	O	O	O	O	O	O	O

HOW DID I SPEND MY TIME? (Pie chart fill-in)

ENJOYING ☐
COMPLAINING ■

IN ROUTINE ☐
IN SPONTANEITY ■

WORKING MINDFULLY ☐
WORKING MINDLESSLY ■

CONSUMING ☐
PRODUCING ■

TALKING ☐
LISTENING ■

RELAXING ☐
HUSTLING ■

INVENTORY (color in)

a little   a lot

MOMENTUM FOR PROJECTS

HOW TIRED AM I?

HOW CONTENT AM I?

HOW ANNOYED AM I?

HOW OVERWHELMED AM I?

HOW INSPIRED AM I?

Something I do when I'm angry that I wish I didn't do:

The last person I was angry with:

Something I blamed someone else for unfairly:

Advice to self about how to get over rejection :

WEEK OF: _____

	Su	M	T	W	Th	F	Sa
I'M IN LOVE	○	○	○	○	○	○	○
I'M NOT IN LOVE	○	○	○	○	○	○	○
SATISFYING DAY	○	○	○	○	○	○	○
I LEARNED SOMETHING NEW	○	○	○	○	○	○	○
FRUSTRATING DAY	○	○	○	○	○	○	○
I'M LONGING FOR SOMETHING	○	○	○	○	○	○	○
I THOUGHT ABOUT MY BREATH	○	○	○	○	○	○	○
I'M FEELING SENTIMENTAL	○	○	○	○	○	○	○
I BOUGHT SOMETHING I DON'T NEED	○	○	○	○	○	○	○
I BOUGHT SOMETHING I NEED	○	○	○	○	○	○	○
I'M AFRAID OF THE FUTURE	○	○	○	○	○	○	○
I'M CONTENT	○	○	○	○	○	○	○
I'M TIRED	○	○	○	○	○	○	○
I'M RESTLESS	○	○	○	○	○	○	○
ORDINARY DAY	○	○	○	○	○	○	○
I'M WORRIED FOR NO REASON	○	○	○	○	○	○	○
I FEEL ACCOMPLISHED	○	○	○	○	○	○	○
I FEEL LOVED	○	○	○	○	○	○	○
I'M OVERWHELMED	○	○	○	○	○	○	○

HOW DID I SPEND MY TIME? (Pie chart fill-in)

⬤	⬤	⬤
ENJOYING ☐	IN ROUTINE ☐	WORKING MINDFULLY ☐
COMPLAINING ◼	IN SPONTANEITY ◼	WORKING MINDLESSLY ◼
⬤	⬤	⬤
CONSUMING ☐	TALKING ☐	RELAXING ☐
PRODUCING ◼	LISTENING ◼	HUSTLING ◼

INVENTORY (color in)

a little   a lot

MOMENTUM FOR PROJECTS [ ]

HOW TIRED AM I? [ ]

HOW CONTENT AM I? [ ]

HOW ANNOYED AM I? [ ]

HOW OVERWHELMED AM I? [ ]

HOW INSPIRED AM I? [ ]

A time (if any) I felt cheerful this week:

A time I felt cheerful in the past:

A moment or event I wish I could do over:

Things that are finite :

Things that are infinite :

WEEK OF: _____

	Su	M	T	W	Th	F	Sa
I'M IN LOVE	◯	◯	◯	◯	◯	◯	◯
I'M NOT IN LOVE	◯	◯	◯	◯	◯	◯	◯
SATISFYING DAY	◯	◯	◯	◯	◯	◯	◯
I LEARNED SOMETHING NEW	◯	◯	◯	◯	◯	◯	◯
FRUSTRATING DAY	◯	◯	◯	◯	◯	◯	◯
I'M LONGING FOR SOMETHING	◯	◯	◯	◯	◯	◯	◯
I THOUGHT ABOUT MY BREATH	◯	◯	◯	◯	◯	◯	◯
I'M FEELING SENTIMENTAL	◯	◯	◯	◯	◯	◯	◯
I BOUGHT SOMETHING I DON'T NEED	◯	◯	◯	◯	◯	◯	◯
I BOUGHT SOMETHING I NEED	◯	◯	◯	◯	◯	◯	◯
I'M AFRAID OF THE FUTURE	◯	◯	◯	◯	◯	◯	◯
I'M CONTENT	◯	◯	◯	◯	◯	◯	◯
I'M TIRED	◯	◯	◯	◯	◯	◯	◯
I'M RESTLESS	◯	◯	◯	◯	◯	◯	◯
ORDINARY DAY	◯	◯	◯	◯	◯	◯	◯
I'M WORRIED FOR NO REASON	◯	◯	◯	◯	◯	◯	◯
I FEEL ACCOMPLISHED	◯	◯	◯	◯	◯	◯	◯
I FEEL LOVED	◯	◯	◯	◯	◯	◯	◯
I'M OVERWHELMED	◯	◯	◯	◯	◯	◯	◯

HOW DID I SPEND MY TIME? (Pie chart fill-in)

ENJOYING ☐
COMPLAINING ■

IN ROUTINE ☐
IN SPONTANEITY ■

WORKING MINDFULLY ☐
WORKING MINDLESSLY ■

CONSUMING ☐
PRODUCING ■

TALKING ☐
LISTENING ■

RELAXING ☐
HUSTLING ■

INVENTORY (color in)

	a little	a lot
MOMENTUM FOR PROJECTS		
HOW TIRED AM I?		
HOW CONTENT AM I?		
HOW ANNOYED AM I?		
HOW OVERWHELMED AM I?		
HOW INSPIRED AM I?		

A new and noteworthy natural disaster:

The strangest thing about this week:

The lamest thing about this week:

A list of feelings:

WEEK OF: _____

	Su	M	T	W	Th	F	Sa
I'M IN LOVE	O	O	O	O	O	O	O
I'M NOT IN LOVE	O	O	O	O	O	O	O
SATISFYING DAY	O	O	O	O	O	O	O
I LEARNED SOMETHING NEW	O	O	O	O	O	O	O
FRUSTRATING DAY	O	O	O	O	O	O	O
I'M LONGING FOR SOMETHING	O	O	O	O	O	O	O
I THOUGHT ABOUT MY BREATH	O	O	O	O	O	O	O
I'M FEELING SENTIMENTAL	O	O	O	O	O	O	O
I BOUGHT SOMETHING I DON'T NEED	O	O	O	O	O	O	O
I BOUGHT SOMETHING I NEED	O	O	O	O	O	O	O
I'M AFRAID OF THE FUTURE	O	O	O	O	O	O	O
I'M CONTENT	O	O	O	O	O	O	O
I'M TIRED	O	O	O	O	O	O	O
I'M RESTLESS	O	O	O	O	O	O	O
ORDINARY DAY	O	O	O	O	O	O	O
I'M WORRIED FOR NO REASON	O	O	O	O	O	O	O
I FEEL ACCOMPLISHED	O	O	O	O	O	O	O
I FEEL LOVED	O	O	O	O	O	O	O
I'M OVERWHELMED	O	O	O	O	O	O	O

HOW DID I SPEND MY TIME? (Pie chart fill-in)

ENJOYING ☐
COMPLAINING ■

IN ROUTINE ☐
IN SPONTANEITY ■

WORKING MINDFULLY ☐
WORKING MINDLESSLY ■

CONSUMING ☐
PRODUCING ■

TALKING ☐
LISTENING ■

RELAXING ☐
HUSTLING ■

INVENTORY (color in)

a little   a lot

MOMENTUM FOR PROJECTS

HOW TIRED AM I?

HOW CONTENT AM I?

HOW ANNOYED AM I?

HOW OVERWHELMED AM I?

HOW INSPIRED AM I?

A hidden or neglected talent worth cultivating :

A time I was completely content :

A skill I'm easily envious of in others :

How to take things less personally:

WEEK OF: _____

	Su	M	T	W	Th	F	Sa
I'M IN LOVE	O	O	O	O	O	O	O
I'M NOT IN LOVE	O	O	O	O	O	O	O
SATISFYING DAY	O	O	O	O	O	O	O
I LEARNED SOMETHING NEW	O	O	O	O	O	O	O
FRUSTRATING DAY	O	O	O	O	O	O	O
I'M LONGING FOR SOMETHING	O	O	O	O	O	O	O
I THOUGHT ABOUT MY BREATH	O	O	O	O	O	O	O
I'M FEELING SENTIMENTAL	O	O	O	O	O	O	O
I BOUGHT SOMETHING I DON'T NEED	O	O	O	O	O	O	O
I BOUGHT SOMETHING I NEED	O	O	O	O	O	O	O
I'M AFRAID OF THE FUTURE	O	O	O	O	O	O	O
I'M CONTENT	O	O	O	O	O	O	O
I'M TIRED	O	O	O	O	O	O	O
I'M RESTLESS	O	O	O	O	O	O	O
ORDINARY DAY	O	O	O	O	O	O	O
I'M WORRIED FOR NO REASON	O	O	O	O	O	O	O
I FEEL ACCOMPLISHED	O	O	O	O	O	O	O
I FEEL LOVED	O	O	O	O	O	O	O
I'M OVERWHELMED	O	O	O	O	O	O	O

HOW DID I SPEND MY TIME? (Pie chart fill-in)

ENJOYING ☐
COMPLAINING ■

IN ROUTINE ☐
IN SPONTANEITY ■

WORKING MINDFULLY ☐
WORKING MINDLESSLY ■

CONSUMING ☐
PRODUCING ■

TALKING ☐
LISTENING ■

RELAXING ☐
HUSTLING ■

INVENTORY (color in)

	a little	a lot
MOMENTUM FOR PROJECTS		
HOW TIRED AM I?		
HOW CONTENT AM I?		
HOW ANNOYED AM I?		
HOW OVERWHELMED AM I?		
HOW INSPIRED AM I?		

The last time I felt like a child:

Things I might notice about my neighborhood
if I were a child:

One new thing I've seen, smelled, heard, felt,
and tasted this week:

All the jobs I've ever had:

WEEK OF: _____

	Su	M	T	W	Th	F	Sa
I'M IN LOVE	○	○	○	○	○	○	○
I'M NOT IN LOVE	○	○	○	○	○	○	○
SATISFYING DAY	○	○	○	○	○	○	○
I LEARNED SOMETHING NEW	○	○	○	○	○	○	○
FRUSTRATING DAY	○	○	○	○	○	○	○
I'M LONGING FOR SOMETHING	○	○	○	○	○	○	○
I THOUGHT ABOUT MY BREATH	○	○	○	○	○	○	○
I'M FEELING SENTIMENTAL	○	○	○	○	○	○	○
I BOUGHT SOMETHING I DON'T NEED	○	○	○	○	○	○	○
I BOUGHT SOMETHING I NEED	○	○	○	○	○	○	○
I'M AFRAID OF THE FUTURE	○	○	○	○	○	○	○
I'M CONTENT	○	○	○	○	○	○	○
I'M TIRED	○	○	○	○	○	○	○
I'M RESTLESS	○	○	○	○	○	○	○
ORDINARY DAY	○	○	○	○	○	○	○
I'M WORRIED FOR NO REASON	○	○	○	○	○	○	○
I FEEL ACCOMPLISHED	○	○	○	○	○	○	○
I FEEL LOVED	○	○	○	○	○	○	○
I'M OVERWHELMED	○	○	○	○	○	○	○

HOW DID I SPEND MY TIME? (Pie chart fill-in)

◯	◯	◯
ENJOYING ☐	IN ROUTINE ☐	WORKING MINDFULLY ☐
COMPLAINING ■	IN SPONTANEITY ■	WORKING MINDLESSLY ■

◯	◯	◯
CONSUMING ☐	TALKING ☐	RELAXING ☐
PRODUCING ■	LISTENING ■	HUSTLING ■

INVENTORY (color in)

a little   a lot

MOMENTUM FOR PROJECTS	▭
HOW TIRED AM I?	▭
HOW CONTENT AM I?	▭
HOW ANNOYED AM I?	▭
HOW OVERWHELMED AM I?	▭
HOW INSPIRED AM I?	▭

How do I feel about silence?

A list of all the sounds happening right now:

The last time I remember being bored:

A drawing of a garden to match my mood:

WEEK OF: _____

	Su	M	T	W	Th	F	Sa
I'M IN LOVE	○	○	○	○	○	○	○
I'M NOT IN LOVE	○	○	○	○	○	○	○
SATISFYING DAY	○	○	○	○	○	○	○
I LEARNED SOMETHING NEW	○	○	○	○	○	○	○
FRUSTRATING DAY	○	○	○	○	○	○	○
I'M LONGING FOR SOMETHING	○	○	○	○	○	○	○
I THOUGHT ABOUT MY BREATH	○	○	○	○	○	○	○
I'M FEELING SENTIMENTAL	○	○	○	○	○	○	○
I BOUGHT SOMETHING I DON'T NEED	○	○	○	○	○	○	○
I BOUGHT SOMETHING I NEED	○	○	○	○	○	○	○
I'M AFRAID OF THE FUTURE	○	○	○	○	○	○	○
I'M CONTENT	○	○	○	○	○	○	○
I'M TIRED	○	○	○	○	○	○	○
I'M RESTLESS	○	○	○	○	○	○	○
ORDINARY DAY	○	○	○	○	○	○	○
I'M WORRIED FOR NO REASON	○	○	○	○	○	○	○
I FEEL ACCOMPLISHED	○	○	○	○	○	○	○
I FEEL LOVED	○	○	○	○	○	○	○
I'M OVERWHELMED	○	○	○	○	○	○	○

HOW DID I SPEND MY TIME? (Pie chart fill-in)

ENJOYING ☐
COMPLAINING ◼

IN ROUTINE ☐
IN SPONTANEITY ◼

WORKING MINDFULLY ☐
WORKING MINDLESSLY ◼

CONSUMING ☐
PRODUCING ◼

TALKING ☐
LISTENING ◼

RELAXING ☐
HUSTLING ◼

INVENTORY (color in)

a little   a lot

MOMENTUM FOR PROJECTS

HOW TIRED AM I?

HOW CONTENT AM I?

HOW ANNOYED AM I?

HOW OVERWHELMED AM I?

HOW INSPIRED AM I?

When I close my eyes, the first thing that comes to mind:

How have I felt relatively comfortable or uncomfortable in my own skin:

Something nourishing I did for myself:

Things I'd like to be able to do:

WEEK OF: _____

	Su	M	T	W	Th	F	Sa
I'M IN LOVE	○	○	○	○	○	○	○
I'M NOT IN LOVE	○	○	○	○	○	○	○
SATISFYING DAY	○	○	○	○	○	○	○
I LEARNED SOMETHING NEW	○	○	○	○	○	○	○
FRUSTRATING DAY	○	○	○	○	○	○	○
I'M LONGING FOR SOMETHING	○	○	○	○	○	○	○
I THOUGHT ABOUT MY BREATH	○	○	○	○	○	○	○
I'M FEELING SENTIMENTAL	○	○	○	○	○	○	○
I BOUGHT SOMETHING I DON'T NEED	○	○	○	○	○	○	○
I BOUGHT SOMETHING I NEED	○	○	○	○	○	○	○
I'M AFRAID OF THE FUTURE	○	○	○	○	○	○	○
I'M CONTENT	○	○	○	○	○	○	○
I'M TIRED	○	○	○	○	○	○	○
I'M RESTLESS	○	○	○	○	○	○	○
ORDINARY DAY	○	○	○	○	○	○	○
I'M WORRIED FOR NO REASON	○	○	○	○	○	○	○
I FEEL ACCOMPLISHED	○	○	○	○	○	○	○
I FEEL LOVED	○	○	○	○	○	○	○
I'M OVERWHELMED	○	○	○	○	○	○	○

HOW DID I SPEND MY TIME? (Pie chart fill-in)

ENJOYING ☐
COMPLAINING ◼

IN ROUTINE ☐
IN SPONTANEITY ◼

WORKING MINDFULLY ☐
WORKING MINDLESSLY ◼

CONSUMING ☐
PRODUCING ◼

TALKING ☐
LISTENING ◼

RELAXING ☐
HUSTLING ◼

INVENTORY (color in)

a little   a lot

MOMENTUM FOR PROJECTS

HOW TIRED AM I?

HOW CONTENT AM I?

HOW ANNOYED AM I?

HOW OVERWHELMED AM I?

HOW INSPIRED AM I?

Something I said or did that may have been hurtful:

Someone I've been meaning to connect with:

Something on my to-do list I can let go of:

Someone or something I'm embarrassed to like:

Things I constantly remind myself:

WEEK OF: _____

	Su	M	T	W	Th	F	Sa
I'M IN LOVE	○	○	○	○	○	○	○
I'M NOT IN LOVE	○	○	○	○	○	○	○
SATISFYING DAY	○	○	○	○	○	○	○
I LEARNED SOMETHING NEW	○	○	○	○	○	○	○
FRUSTRATING DAY	○	○	○	○	○	○	○
I'M LONGING FOR SOMETHING	○	○	○	○	○	○	○
I THOUGHT ABOUT MY BREATH	○	○	○	○	○	○	○
I'M FEELING SENTIMENTAL	○	○	○	○	○	○	○
I BOUGHT SOMETHING I DON'T NEED	○	○	○	○	○	○	○
I BOUGHT SOMETHING I NEED	○	○	○	○	○	○	○
I'M AFRAID OF THE FUTURE	○	○	○	○	○	○	○
I'M CONTENT	○	○	○	○	○	○	○
I'M TIRED	○	○	○	○	○	○	○
I'M RESTLESS	○	○	○	○	○	○	○
ORDINARY DAY	○	○	○	○	○	○	○
I'M WORRIED FOR NO REASON	○	○	○	○	○	○	○
I FEEL ACCOMPLISHED	○	○	○	○	○	○	○
I FEEL LOVED	○	○	○	○	○	○	○
I'M OVERWHELMED	○	○	○	○	○	○	○

HOW DID I SPEND MY TIME? (Pie chart fill-in)

ENJOYING ☐
COMPLAINING ◼

IN ROUTINE ☐
IN SPONTANEITY ◼

WORKING MINDFULLY ☐
WORKING MINDLESSLY ◼

CONSUMING ☐
PRODUCING ◼

TALKING ☐
LISTENING ◼

RELAXING ☐
HUSTLING ◼

INVENTORY (color in)

a little   a lot

MOMENTUM FOR PROJECTS

HOW TIRED AM I?

HOW CONTENT AM I?

HOW ANNOYED AM I?

HOW OVERWHELMED AM I?

HOW INSPIRED AM I?

A time I was able to pause before I reacted:

I need more (circle all that apply):

art   beach   quiet

        city   nature

The last time I went an hour without looking at my phone:

Sympathetic and empathetic actions I can take:

WEEK OF: _____

	Su	M	T	W	Th	F	Sa
I'M IN LOVE	◯	◯	◯	◯	◯	◯	◯
I'M NOT IN LOVE	◯	◯	◯	◯	◯	◯	◯
SATISFYING DAY	◯	◯	◯	◯	◯	◯	◯
I LEARNED SOMETHING NEW	◯	◯	◯	◯	◯	◯	◯
FRUSTRATING DAY	◯	◯	◯	◯	◯	◯	◯
I'M LONGING FOR SOMETHING	◯	◯	◯	◯	◯	◯	◯
I THOUGHT ABOUT MY BREATH	◯	◯	◯	◯	◯	◯	◯
I'M FEELING SENTIMENTAL	◯	◯	◯	◯	◯	◯	◯
I BOUGHT SOMETHING I DON'T NEED	◯	◯	◯	◯	◯	◯	◯
I BOUGHT SOMETHING I NEED	◯	◯	◯	◯	◯	◯	◯
I'M AFRAID OF THE FUTURE	◯	◯	◯	◯	◯	◯	◯
I'M CONTENT	◯	◯	◯	◯	◯	◯	◯
I'M TIRED	◯	◯	◯	◯	◯	◯	◯
I'M RESTLESS	◯	◯	◯	◯	◯	◯	◯
ORDINARY DAY	◯	◯	◯	◯	◯	◯	◯
I'M WORRIED FOR NO REASON	◯	◯	◯	◯	◯	◯	◯
I FEEL ACCOMPLISHED	◯	◯	◯	◯	◯	◯	◯
I FEEL LOVED	◯	◯	◯	◯	◯	◯	◯
I'M OVERWHELMED	◯	◯	◯	◯	◯	◯	◯

HOW DID I SPEND MY TIME? (Pie chart fill-in)

ENJOYING ☐
COMPLAINING ◼

IN ROUTINE ☐
IN SPONTANEITY ◼

WORKING MINDFULLY ☐
WORKING MINDLESSLY ◼

CONSUMING ☐
PRODUCING ◼

TALKING ☐
LISTENING ◼

RELAXING ☐
HUSTLING ◼

INVENTORY (color in)

a little   a lot

MOMENTUM FOR PROJECTS

HOW TIRED AM I?

HOW CONTENT AM I?

HOW ANNOYED AM I?

HOW OVERWHELMED AM I?

HOW INSPIRED AM I?

Someone who sucks the energy out of me:

Someone I'd like to get to know better:

Someone I wish I had more time for:

A detailed account of something that "went wrong":

QUARTERLY SURVEY   Date :

Check all that apply.

☐ I'M OK
☐ I'M NOT OK
☐ I REEK OF DESPERATION
☐ I'M BORED
☐ I'VE LOST ALL TRUST IN AUTHORITY
☐ I'M EXCITED ABOUT THE FUTURE
☐ I'M NERVOUS ABOUT THE FUTURE
☐ I'M IN LOVE
☐ I'M NOT IN LOVE
☐ I'M OVERWHELMED
☐ I'M SLEEPING WELL
☐ I'M CONFLICTED
☐ I'M AT PEACE
☐ I'M HAVING A HARD TIME
☐ I'M IN LOVE WITH SOMEONE WHO LOVES ME BACK
☐ I'M IN LOVE WITH SOMEONE WHO'S INDIFFERENT
☐ I'M OBSESSING OVER THINGS I CAN'T CONTROL
☐ I'M OPTIMISTIC
☐ I'M FEELING NOSTALGIC
☐ I'M EATING WELL

Regarding current events:
(circle all that apply)

need to run   looks good from the outside

        ok   needs improvement

confusing
                                infuriating
            I'm anxious

I'm optimistic   joyful

                    I'm pretending to be happy
      I'm thankful

                    I'm at peace
I'm in control
                        I'm disgusted

        I'm content

WEEK OF: _____

	Su	M	T	W	Th	F	Sa
I'M IN LOVE	○	○	○	○	○	○	○
I'M NOT IN LOVE	○	○	○	○	○	○	○
SATISFYING DAY	○	○	○	○	○	○	○
I LEARNED SOMETHING NEW	○	○	○	○	○	○	○
FRUSTRATING DAY	○	○	○	○	○	○	○
I'M LONGING FOR SOMETHING	○	○	○	○	○	○	○
I THOUGHT ABOUT MY BREATH	○	○	○	○	○	○	○
I'M FEELING SENTIMENTAL	○	○	○	○	○	○	○
I BOUGHT SOMETHING I DON'T NEED	○	○	○	○	○	○	○
I BOUGHT SOMETHING I NEED	○	○	○	○	○	○	○
I'M AFRAID OF THE FUTURE	○	○	○	○	○	○	○
I'M CONTENT	○	○	○	○	○	○	○
I'M TIRED	○	○	○	○	○	○	○
I'M RESTLESS	○	○	○	○	○	○	○
ORDINARY DAY	○	○	○	○	○	○	○
I'M WORRIED FOR NO REASON	○	○	○	○	○	○	○
I FEEL ACCOMPLISHED	○	○	○	○	○	○	○
I FEEL LOVED	○	○	○	○	○	○	○
I'M OVERWHELMED	○	○	○	○	○	○	○

HOW DID I SPEND MY TIME? (Pie chart fill-in)

ENJOYING ☐
COMPLAINING ◼

IN ROUTINE ☐
IN SPONTANEITY ◼

WORKING MINDFULLY ☐
WORKING MINDLESSLY ◼

CONSUMING ☐
PRODUCING ◼

TALKING ☐
LISTENING ◼

RELAXING ☐
HUSTLING ◼

INVENTORY (color in)

a little   a lot

MOMENTUM FOR PROJECTS

HOW TIRED AM I?

HOW CONTENT AM I?

HOW ANNOYED AM I?

HOW OVERWHELMED AM I?

HOW INSPIRED AM I?

A time I should have bitten my tongue:

A time I should have spoken up:

Something someone did that surprised me:

Something I did that surprised myself:

When did I last feel like an outsider, and how did I feel about it?

WEEK OF: _____

	Su	M	T	W	Th	F	Sa
I'M IN LOVE	○	○	○	○	○	○	○
I'M NOT IN LOVE	○	○	○	○	○	○	○
SATISFYING DAY	○	○	○	○	○	○	○
I LEARNED SOMETHING NEW	○	○	○	○	○	○	○
FRUSTRATING DAY	○	○	○	○	○	○	○
I'M LONGING FOR SOMETHING	○	○	○	○	○	○	○
I THOUGHT ABOUT MY BREATH	○	○	○	○	○	○	○
I'M FEELING SENTIMENTAL	○	○	○	○	○	○	○
I BOUGHT SOMETHING I DON'T NEED	○	○	○	○	○	○	○
I BOUGHT SOMETHING I NEED	○	○	○	○	○	○	○
I'M AFRAID OF THE FUTURE	○	○	○	○	○	○	○
I'M CONTENT	○	○	○	○	○	○	○
I'M TIRED	○	○	○	○	○	○	○
I'M RESTLESS	○	○	○	○	○	○	○
ORDINARY DAY	○	○	○	○	○	○	○
I'M WORRIED FOR NO REASON	○	○	○	○	○	○	○
I FEEL ACCOMPLISHED	○	○	○	○	○	○	○
I FEEL LOVED	○	○	○	○	○	○	○
I'M OVERWHELMED	○	○	○	○	○	○	○

HOW DID I SPEND MY TIME? (Pie chart fill-in)

ENJOYING ☐
COMPLAINING ◼

IN ROUTINE ☐
IN SPONTANEITY ◼

WORKING MINDFULLY ☐
WORKING MINDLESSLY ◼

CONSUMING ☐
PRODUCING ◼

TALKING ☐
LISTENING ◼

RELAXING ☐
HUSTLING ◼

INVENTORY (color in)

a little   a lot

MOMENTUM FOR PROJECTS

HOW TIRED AM I?

HOW CONTENT AM I?

HOW ANNOYED AM I?

HOW OVERWHELMED AM I?

HOW INSPIRED AM I?

A time I was more stressed out than I am now:

Something I did out of obligation:

A place I would like to spend a few hours by myself:

A list of things I once took for granted that I no longer do :

WEEK OF: _____

	Su	M	T	W	Th	F	Sa
I'M IN LOVE	○	○	○	○	○	○	○
I'M NOT IN LOVE	○	○	○	○	○	○	○
SATISFYING DAY	○	○	○	○	○	○	○
I LEARNED SOMETHING NEW	○	○	○	○	○	○	○
FRUSTRATING DAY	○	○	○	○	○	○	○
I'M LONGING FOR SOMETHING	○	○	○	○	○	○	○
I THOUGHT ABOUT MY BREATH	○	○	○	○	○	○	○
I'M FEELING SENTIMENTAL	○	○	○	○	○	○	○
I BOUGHT SOMETHING I DON'T NEED	○	○	○	○	○	○	○
I BOUGHT SOMETHING I NEED	○	○	○	○	○	○	○
I'M AFRAID OF THE FUTURE	○	○	○	○	○	○	○
I'M CONTENT	○	○	○	○	○	○	○
I'M TIRED	○	○	○	○	○	○	○
I'M RESTLESS	○	○	○	○	○	○	○
ORDINARY DAY	○	○	○	○	○	○	○
I'M WORRIED FOR NO REASON	○	○	○	○	○	○	○
I FEEL ACCOMPLISHED	○	○	○	○	○	○	○
I FEEL LOVED	○	○	○	○	○	○	○
I'M OVERWHELMED	○	○	○	○	○	○	○

HOW DID I SPEND MY TIME? (Pie chart fill-in)

ENJOYING ☐
COMPLAINING ◼

IN ROUTINE ☐
IN SPONTANEITY ◼

WORKING MINDFULLY ☐
WORKING MINDLESSLY ◼

CONSUMING ☐
PRODUCING ◼

TALKING ☐
LISTENING ◼

RELAXING ☐
HUSTLING ◼

INVENTORY (color in)

a little   a lot

MOMENTUM FOR PROJECTS

HOW TIRED AM I?

HOW CONTENT AM I?

HOW ANNOYED AM I?

HOW OVERWHELMED AM I?

HOW INSPIRED AM I?

Something that feels unchangeable but might be changeable:

Something I feel empowered about :

How I am doing with "work-life balance" :

A drawing of everything I bought this week:

WEEK OF: _____

	Su	M	T	W	Th	F	Sa
I'M IN LOVE	○	○	○	○	○	○	○
I'M NOT IN LOVE	○	○	○	○	○	○	○
SATISFYING DAY	○	○	○	○	○	○	○
I LEARNED SOMETHING NEW	○	○	○	○	○	○	○
FRUSTRATING DAY	○	○	○	○	○	○	○
I'M LONGING FOR SOMETHING	○	○	○	○	○	○	○
I THOUGHT ABOUT MY BREATH	○	○	○	○	○	○	○
I'M FEELING SENTIMENTAL	○	○	○	○	○	○	○
I BOUGHT SOMETHING I DON'T NEED	○	○	○	○	○	○	○
I BOUGHT SOMETHING I NEED	○	○	○	○	○	○	○
I'M AFRAID OF THE FUTURE	○	○	○	○	○	○	○
I'M CONTENT	○	○	○	○	○	○	○
I'M TIRED	○	○	○	○	○	○	○
I'M RESTLESS	○	○	○	○	○	○	○
ORDINARY DAY	○	○	○	○	○	○	○
I'M WORRIED FOR NO REASON	○	○	○	○	○	○	○
I FEEL ACCOMPLISHED	○	○	○	○	○	○	○
I FEEL LOVED	○	○	○	○	○	○	○
I'M OVERWHELMED	○	○	○	○	○	○	○

HOW DID I SPEND MY TIME? (Pie chart fill-in)

ENJOYING ☐
COMPLAINING ■

IN ROUTINE ☐
IN SPONTANEITY ■

WORKING MINDFULLY ☐
WORKING MINDLESSLY ■

CONSUMING ☐
PRODUCING ■

TALKING ☐
LISTENING ■

RELAXING ☐
HUSTLING ■

INVENTORY (color in)

a little   a lot

MOMENTUM FOR PROJECTS

HOW TIRED AM I?

HOW CONTENT AM I?

HOW ANNOYED AM I?

HOW OVERWHELMED AM I?

HOW INSPIRED AM I?

The last time I worried about my appearance:

The last time I felt carefree:

Someone I can really be myself around:

A detailed description of a time I felt relieved:

WEEK OF: _____

	Su	M	T	W	Th	F	Sa
I'M IN LOVE	○	○	○	○	○	○	○
I'M NOT IN LOVE	○	○	○	○	○	○	○
SATISFYING DAY	○	○	○	○	○	○	○
I LEARNED SOMETHING NEW	○	○	○	○	○	○	○
FRUSTRATING DAY	○	○	○	○	○	○	○
I'M LONGING FOR SOMETHING	○	○	○	○	○	○	○
I THOUGHT ABOUT MY BREATH	○	○	○	○	○	○	○
I'M FEELING SENTIMENTAL	○	○	○	○	○	○	○
I BOUGHT SOMETHING I DON'T NEED	○	○	○	○	○	○	○
I BOUGHT SOMETHING I NEED	○	○	○	○	○	○	○
I'M AFRAID OF THE FUTURE	○	○	○	○	○	○	○
I'M CONTENT	○	○	○	○	○	○	○
I'M TIRED	○	○	○	○	○	○	○
I'M RESTLESS	○	○	○	○	○	○	○
ORDINARY DAY	○	○	○	○	○	○	○
I'M WORRIED FOR NO REASON	○	○	○	○	○	○	○
I FEEL ACCOMPLISHED	○	○	○	○	○	○	○
I FEEL LOVED	○	○	○	○	○	○	○
I'M OVERWHELMED	○	○	○	○	○	○	○

HOW DID I SPEND MY TIME? (Pie chart fill-in)

ENJOYING ☐
COMPLAINING ■

IN ROUTINE ☐
IN SPONTANEITY ■

WORKING MINDFULLY ☐
WORKING MINDLESSLY ■

CONSUMING ☐
PRODUCING ■

TALKING ☐
LISTENING ■

RELAXING ☐
HUSTLING ■

INVENTORY (color in)

a little   a lot

MOMENTUM FOR PROJECTS

HOW TIRED AM I?

HOW CONTENT AM I?

HOW ANNOYED AM I?

HOW OVERWHELMED AM I?

HOW INSPIRED AM I?

A negative personality trait I blame on my upbringing:

A positive personality trait I blame on my upbringing:

A negative personality trait I have only myself to blame for:

A positive personality trait I developed on my own:

A list of people I've lost touch with :

WEEK OF: _____

	Su	M	T	W	Th	F	Sa
I'M IN LOVE	○	○	○	○	○	○	○
I'M NOT IN LOVE	○	○	○	○	○	○	○
SATISFYING DAY	○	○	○	○	○	○	○
I LEARNED SOMETHING NEW	○	○	○	○	○	○	○
FRUSTRATING DAY	○	○	○	○	○	○	○
I'M LONGING FOR SOMETHING	○	○	○	○	○	○	○
I THOUGHT ABOUT MY BREATH	○	○	○	○	○	○	○
I'M FEELING SENTIMENTAL	○	○	○	○	○	○	○
I BOUGHT SOMETHING I DON'T NEED	○	○	○	○	○	○	○
I BOUGHT SOMETHING I NEED	○	○	○	○	○	○	○
I'M AFRAID OF THE FUTURE	○	○	○	○	○	○	○
I'M CONTENT	○	○	○	○	○	○	○
I'M TIRED	○	○	○	○	○	○	○
I'M RESTLESS	○	○	○	○	○	○	○
ORDINARY DAY	○	○	○	○	○	○	○
I'M WORRIED FOR NO REASON	○	○	○	○	○	○	○
I FEEL ACCOMPLISHED	○	○	○	○	○	○	○
I FEEL LOVED	○	○	○	○	○	○	○
I'M OVERWHELMED	○	○	○	○	○	○	○

HOW DID I SPEND MY TIME? (Pie chart fill-in)

⬜ ENJOYING	⬜ IN ROUTINE	⬜ WORKING MINDFULLY
⬛ COMPLAINING	⬛ IN SPONTANEITY	⬛ WORKING MINDLESSLY

⬜ CONSUMING	⬜ TALKING	⬜ RELAXING
⬛ PRODUCING	⬛ LISTENING	⬛ HUSTLING

INVENTORY (color in)

a little   a lot

MOMENTUM FOR PROJECTS

HOW TIRED AM I?

HOW CONTENT AM I?

HOW ANNOYED AM I?

HOW OVERWHELMED AM I?

HOW INSPIRED AM I?

A relationship I regret having ended:

A falling-out that was no one's fault:

The last time I felt lonely:

The last time I was alone and loved it:

A conversation, real or imaginary, that's been going in my head:

WEEK OF: _____

	Su	M	T	W	Th	F	Sa
I'M IN LOVE	○	○	○	○	○	○	○
I'M NOT IN LOVE	○	○	○	○	○	○	○
SATISFYING DAY	○	○	○	○	○	○	○
I LEARNED SOMETHING NEW	○	○	○	○	○	○	○
FRUSTRATING DAY	○	○	○	○	○	○	○
I'M LONGING FOR SOMETHING	○	○	○	○	○	○	○
I THOUGHT ABOUT MY BREATH	○	○	○	○	○	○	○
I'M FEELING SENTIMENTAL	○	○	○	○	○	○	○
I BOUGHT SOMETHING I DON'T NEED	○	○	○	○	○	○	○
I BOUGHT SOMETHING I NEED	○	○	○	○	○	○	○
I'M AFRAID OF THE FUTURE	○	○	○	○	○	○	○
I'M CONTENT	○	○	○	○	○	○	○
I'M TIRED	○	○	○	○	○	○	○
I'M RESTLESS	○	○	○	○	○	○	○
ORDINARY DAY	○	○	○	○	○	○	○
I'M WORRIED FOR NO REASON	○	○	○	○	○	○	○
I FEEL ACCOMPLISHED	○	○	○	○	○	○	○
I FEEL LOVED	○	○	○	○	○	○	○
I'M OVERWHELMED	○	○	○	○	○	○	○

HOW DID I SPEND MY TIME? (Pie chart fill-in)

◯	◯	◯

ENJOYING ☐
COMPLAINING ■

IN ROUTINE ☐
IN SPONTANEITY ■

WORKING MINDFULLY ☐
WORKING MINDLESSLY ■

◯	◯	◯

CONSUMING ☐
PRODUCING ■

TALKING ☐
LISTENING ■

RELAXING ☐
HUSTLING ■

INVENTORY (color in)

a little   a lot

MOMENTUM FOR PROJECTS

HOW TIRED AM I?

HOW CONTENT AM I?

HOW ANNOYED AM I?

HOW OVERWHELMED AM I?

HOW INSPIRED AM I?

An event or scenario from my childhood that I suspect is
  impacting my relationships :

Places I fantasize about as being better than where I am now :

The honest reply to "How's it going?" :

A description of a time when everything worked out perfectly:

WEEK OF: _____

	Su	M	T	W	Th	F	Sa
I'M IN LOVE	○	○	○	○	○	○	○
I'M NOT IN LOVE	○	○	○	○	○	○	○
SATISFYING DAY	○	○	○	○	○	○	○
I LEARNED SOMETHING NEW	○	○	○	○	○	○	○
FRUSTRATING DAY	○	○	○	○	○	○	○
I'M LONGING FOR SOMETHING	○	○	○	○	○	○	○
I THOUGHT ABOUT MY BREATH	○	○	○	○	○	○	○
I'M FEELING SENTIMENTAL	○	○	○	○	○	○	○
I BOUGHT SOMETHING I DON'T NEED	○	○	○	○	○	○	○
I BOUGHT SOMETHING I NEED	○	○	○	○	○	○	○
I'M AFRAID OF THE FUTURE	○	○	○	○	○	○	○
I'M CONTENT	○	○	○	○	○	○	○
I'M TIRED	○	○	○	○	○	○	○
I'M RESTLESS	○	○	○	○	○	○	○
ORDINARY DAY	○	○	○	○	○	○	○
I'M WORRIED FOR NO REASON	○	○	○	○	○	○	○
I FEEL ACCOMPLISHED	○	○	○	○	○	○	○
I FEEL LOVED	○	○	○	○	○	○	○
I'M OVERWHELMED	○	○	○	○	○	○	○

HOW DID I SPEND MY TIME? (Pie chart fill-in)

ENJOYING ☐
COMPLAINING ■

IN ROUTINE ☐
IN SPONTANEITY ■

WORKING MINDFULLY ☐
WORKING MINDLESSLY ■

CONSUMING ☐
PRODUCING ■

TALKING ☐
LISTENING ■

RELAXING ☐
HUSTLING ■

INVENTORY (color in)

a little   a lot

MOMENTUM FOR PROJECTS

HOW TIRED AM I?

HOW CONTENT AM I?

HOW ANNOYED AM I?

HOW OVERWHELMED AM I?

HOW INSPIRED AM I?

Something I'd like to tell somebody :

Length of time I can space out without anyone noticing :

Areas of my life I'm capable of multitasking in,
    and areas I'm not :

Advice I've given others that I should listen to:

WEEK OF: _____

	Su	M	T	W	Th	F	Sa
I'M IN LOVE	○	○	○	○	○	○	○
I'M NOT IN LOVE	○	○	○	○	○	○	○
SATISFYING DAY	○	○	○	○	○	○	○
I LEARNED SOMETHING NEW	○	○	○	○	○	○	○
FRUSTRATING DAY	○	○	○	○	○	○	○
I'M LONGING FOR SOMETHING	○	○	○	○	○	○	○
I THOUGHT ABOUT MY BREATH	○	○	○	○	○	○	○
I'M FEELING SENTIMENTAL	○	○	○	○	○	○	○
I BOUGHT SOMETHING I DON'T NEED	○	○	○	○	○	○	○
I BOUGHT SOMETHING I NEED	○	○	○	○	○	○	○
I'M AFRAID OF THE FUTURE	○	○	○	○	○	○	○
I'M CONTENT	○	○	○	○	○	○	○
I'M TIRED	○	○	○	○	○	○	○
I'M RESTLESS	○	○	○	○	○	○	○
ORDINARY DAY	○	○	○	○	○	○	○
I'M WORRIED FOR NO REASON	○	○	○	○	○	○	○
I FEEL ACCOMPLISHED	○	○	○	○	○	○	○
I FEEL LOVED	○	○	○	○	○	○	○
I'M OVERWHELMED	○	○	○	○	○	○	○

HOW DID I SPEND MY TIME? (Pie chart fill-in)

ENJOYING ☐
COMPLAINING ■

IN ROUTINE ☐
IN SPONTANEITY ■

WORKING MINDFULLY ☐
WORKING MINDLESSLY ■

CONSUMING ☐
PRODUCING ■

TALKING ☐
LISTENING ■

RELAXING ☐
HUSTLING ■

INVENTORY (color in)

a little   a lot

MOMENTUM FOR PROJECTS

HOW TIRED AM I?

HOW CONTENT AM I?

HOW ANNOYED AM I?

HOW OVERWHELMED AM I?

HOW INSPIRED AM I?

How much do I feel defined by my career?

How much do I feel defined by my social class?

How much do economics define me?

A list of intense feelings that have diminished over time:

WEEK OF: _____

	Su	M	T	W	Th	F	Sa
I'M IN LOVE	O	O	O	O	O	O	O
I'M NOT IN LOVE	O	O	O	O	O	O	O
SATISFYING DAY	O	O	O	O	O	O	O
I LEARNED SOMETHING NEW	O	O	O	O	O	O	O
FRUSTRATING DAY	O	O	O	O	O	O	O
I'M LONGING FOR SOMETHING	O	O	O	O	O	O	O
I THOUGHT ABOUT MY BREATH	O	O	O	O	O	O	O
I'M FEELING SENTIMENTAL	O	O	O	O	O	O	O
I BOUGHT SOMETHING I DON'T NEED	O	O	O	O	O	O	O
I BOUGHT SOMETHING I NEED	O	O	O	O	O	O	O
I'M AFRAID OF THE FUTURE	O	O	O	O	O	O	O
I'M CONTENT	O	O	O	O	O	O	O
I'M TIRED	O	O	O	O	O	O	O
I'M RESTLESS	O	O	O	O	O	O	O
ORDINARY DAY	O	O	O	O	O	O	O
I'M WORRIED FOR NO REASON	O	O	O	O	O	O	O
I FEEL ACCOMPLISHED	O	O	O	O	O	O	O
I FEEL LOVED	O	O	O	O	O	O	O
I'M OVERWHELMED	O	O	O	O	O	O	O

HOW DID I SPEND MY TIME? (Pie chart fill-in)

ENJOYING ☐
COMPLAINING ◼

IN ROUTINE ☐
IN SPONTANEITY ◼

WORKING MINDFULLY ☐
WORKING MINDLESSLY ◼

CONSUMING ☐
PRODUCING ◼

TALKING ☐
LISTENING ◼

RELAXING ☐
HUSTLING ◼

INVENTORY (color in)

	a little	a lot
MOMENTUM FOR PROJECTS		
HOW TIRED AM I?		
HOW CONTENT AM I?		
HOW ANNOYED AM I?		
HOW OVERWHELMED AM I?		
HOW INSPIRED AM I?		

Someone who surprised me the more I got to know them:

When I daydream, where does my mind go first?

Is it easier to recall the past or to imagine the future?

Things that keep me up at night:

WEEK OF: _____

	Su	M	T	W	Th	F	Sa
I'M IN LOVE	O	O	O	O	O	O	O
I'M NOT IN LOVE	O	O	O	O	O	O	O
SATISFYING DAY	O	O	O	O	O	O	O
I LEARNED SOMETHING NEW	O	O	O	O	O	O	O
FRUSTRATING DAY	O	O	O	O	O	O	O
I'M LONGING FOR SOMETHING	O	O	O	O	O	O	O
I THOUGHT ABOUT MY BREATH	O	O	O	O	O	O	O
I'M FEELING SENTIMENTAL	O	O	O	O	O	O	O
I BOUGHT SOMETHING I DON'T NEED	O	O	O	O	O	O	O
I BOUGHT SOMETHING I NEED	O	O	O	O	O	O	O
I'M AFRAID OF THE FUTURE	O	O	O	O	O	O	O
I'M CONTENT	O	O	O	O	O	O	O
I'M TIRED	O	O	O	O	O	O	O
I'M RESTLESS	O	O	O	O	O	O	O
ORDINARY DAY	O	O	O	O	O	O	O
I'M WORRIED FOR NO REASON	O	O	O	O	O	O	O
I FEEL ACCOMPLISHED	O	O	O	O	O	O	O
I FEEL LOVED	O	O	O	O	O	O	O
I'M OVERWHELMED	O	O	O	O	O	O	O

HOW DID I SPEND MY TIME? (Pie chart fill-in)

ENJOYING ☐
COMPLAINING ◼

IN ROUTINE ☐
IN SPONTANEITY ◼

WORKING MINDFULLY ☐
WORKING MINDLESSLY ◼

CONSUMING ☐
PRODUCING ◼

TALKING ☐
LISTENING ◼

RELAXING ☐
HUSTLING ◼

INVENTORY (color in)

a little   a lot

MOMENTUM FOR PROJECTS

HOW TIRED AM I?

HOW CONTENT AM I?

HOW ANNOYED AM I?

HOW OVERWHELMED AM I?

HOW INSPIRED AM I?

The most creative thing I did this week:

The least creative:

Something boring that I enjoy:

A drawing of what it feels like to be floating in water:

WEEK OF: _____

	Su	M	T	W	Th	F	Sa
I'M IN LOVE	○	○	○	○	○	○	○
I'M NOT IN LOVE	○	○	○	○	○	○	○
SATISFYING DAY	○	○	○	○	○	○	○
I LEARNED SOMETHING NEW	○	○	○	○	○	○	○
FRUSTRATING DAY	○	○	○	○	○	○	○
I'M LONGING FOR SOMETHING	○	○	○	○	○	○	○
I THOUGHT ABOUT MY BREATH	○	○	○	○	○	○	○
I'M FEELING SENTIMENTAL	○	○	○	○	○	○	○
I BOUGHT SOMETHING I DON`T NEED	○	○	○	○	○	○	○
I BOUGHT SOMETHING I NEED	○	○	○	○	○	○	○
I'M AFRAID OF THE FUTURE	○	○	○	○	○	○	○
I'M CONTENT	○	○	○	○	○	○	○
I'M TIRED	○	○	○	○	○	○	○
I'M RESTLESS	○	○	○	○	○	○	○
ORDINARY DAY	○	○	○	○	○	○	○
I'M WORRIED FOR NO REASON	○	○	○	○	○	○	○
I FEEL ACCOMPLISHED	○	○	○	○	○	○	○
I FEEL LOVED	○	○	○	○	○	○	○
I'M OVERWHELMED	○	○	○	○	○	○	○

HOW DID I SPEND MY TIME? (Pie chart fill-in)

ENJOYING ☐
COMPLAINING ◼

IN ROUTINE ☐
IN SPONTANEITY ◼

WORKING MINDFULLY ☐
WORKING MINDLESSLY ◼

CONSUMING ☐
PRODUCING ◼

TALKING ☐
LISTENING ◼

RELAXING ☐
HUSTLING ◼

INVENTORY (color in)

a little   a lot

MOMENTUM FOR PROJECTS

HOW TIRED AM I?

HOW CONTENT AM I?

HOW ANNOYED AM I?

HOW OVERWHELMED AM I?

HOW INSPIRED AM I?

Someone I can hang out with and not have to talk:

A routine I gave up on after very few attempts:

Something I did that I didn't think I could do:

Something I thought I could do that I couldn't:

A list of all "should have"s to get them out of my system :

WEEK OF: _____

	Su	M	T	W	Th	F	Sa
I'M IN LOVE	○	○	○	○	○	○	○
I'M NOT IN LOVE	○	○	○	○	○	○	○
SATISFYING DAY	○	○	○	○	○	○	○
I LEARNED SOMETHING NEW	○	○	○	○	○	○	○
FRUSTRATING DAY	○	○	○	○	○	○	○
I'M LONGING FOR SOMETHING	○	○	○	○	○	○	○
I THOUGHT ABOUT MY BREATH	○	○	○	○	○	○	○
I'M FEELING SENTIMENTAL	○	○	○	○	○	○	○
I BOUGHT SOMETHING I DON'T NEED	○	○	○	○	○	○	○
I BOUGHT SOMETHING I NEED	○	○	○	○	○	○	○
I'M AFRAID OF THE FUTURE	○	○	○	○	○	○	○
I'M CONTENT	○	○	○	○	○	○	○
I'M TIRED	○	○	○	○	○	○	○
I'M RESTLESS	○	○	○	○	○	○	○
ORDINARY DAY	○	○	○	○	○	○	○
I'M WORRIED FOR NO REASON	○	○	○	○	○	○	○
I FEEL ACCOMPLISHED	○	○	○	○	○	○	○
I FEEL LOVED	○	○	○	○	○	○	○
I'M OVERWHELMED	○	○	○	○	○	○	○

HOW DID I SPEND MY TIME? (Pie chart fill-in)

ENJOYING ☐
COMPLAINING ◼

IN ROUTINE ☐
IN SPONTANEITY ◼

WORKING MINDFULLY ☐
WORKING MINDLESSLY ◼

CONSUMING ☐
PRODUCING ◼

TALKING ☐
LISTENING ◼

RELAXING ☐
HUSTLING ◼

INVENTORY (color in)

a little   a lot

MOMENTUM FOR PROJECTS

HOW TIRED AM I?

HOW CONTENT AM I?

HOW ANNOYED AM I?

HOW OVERWHELMED AM I?

HOW INSPIRED AM I?

Something I used to be worried about :

Something I occasionally catch myself ruminating about :

Something I give myself a hard time for :

A drawing of a face with closed eyes :

QUARTERLY SURVEY

Date:

Check all that apply.

- ☐ I'M OK
- ☐ I'M NOT OK
- ☐ I REEK OF DESPERATION
- ☐ I'M BORED
- ☐ I'VE LOST ALL TRUST IN AUTHORITY
- ☐ I'M EXCITED ABOUT THE FUTURE
- ☐ I'M NERVOUS ABOUT THE FUTURE
- ☐ I'M IN LOVE
- ☐ I'M NOT IN LOVE
- ☐ I'M OVERWHELMED
- ☐ I'M SLEEPING WELL
- ☐ I'M CONFLICTED
- ☐ I'M AT PEACE
- ☐ I'M HAVING A HARD TIME
- ☐ I'M IN LOVE WITH SOMEONE WHO LOVES ME BACK
- ☐ I'M IN LOVE WITH SOMEONE WHO'S INDIFFERENT
- ☐ I'M OBSESSING OVER THINGS I CAN'T CONTROL
- ☐ I'M OPTIMISTIC
- ☐ I'M FEELING NOSTALGIC
- ☐ I'M EATING WELL

Regarding my career:

(circle all that apply)

need to run   looks good from the outside

ok   needs improvement

confusing

                                    infuriating

        I'm anxious

I'm optimistic   joyful

    I'm thankful   I'm pretending to be happy

                I'm at peace

I'm in control

                            I'm disgusted

        I'm content

WEEK OF: _____

	Su	M	T	W	Th	F	Sa
I'M IN LOVE	○	○	○	○	○	○	○
I'M NOT IN LOVE	○	○	○	○	○	○	○
SATISFYING DAY	○	○	○	○	○	○	○
I LEARNED SOMETHING NEW	○	○	○	○	○	○	○
FRUSTRATING DAY	○	○	○	○	○	○	○
I'M LONGING FOR SOMETHING	○	○	○	○	○	○	○
I THOUGHT ABOUT MY BREATH	○	○	○	○	○	○	○
I'M FEELING SENTIMENTAL	○	○	○	○	○	○	○
I BOUGHT SOMETHING I DON'T NEED	○	○	○	○	○	○	○
I BOUGHT SOMETHING I NEED	○	○	○	○	○	○	○
I'M AFRAID OF THE FUTURE	○	○	○	○	○	○	○
I'M CONTENT	○	○	○	○	○	○	○
I'M TIRED	○	○	○	○	○	○	○
I'M RESTLESS	○	○	○	○	○	○	○
ORDINARY DAY	○	○	○	○	○	○	○
I'M WORRIED FOR NO REASON	○	○	○	○	○	○	○
I FEEL ACCOMPLISHED	○	○	○	○	○	○	○
I FEEL LOVED	○	○	○	○	○	○	○
I'M OVERWHELMED	○	○	○	○	○	○	○

HOW DID I SPEND MY TIME? (Pie chart fill-in)

ENJOYING ☐
COMPLAINING ■

IN ROUTINE ☐
IN SPONTANEITY ■

WORKING MINDFULLY ☐
WORKING MINDLESSLY ■

CONSUMING ☐
PRODUCING ■

TALKING ☐
LISTENING ■

RELAXING ☐
HUSTLING ■

INVENTORY (color in)

a little   a lot

MOMENTUM FOR PROJECTS

HOW TIRED AM I?

HOW CONTENT AM I?

HOW ANNOYED AM I?

HOW OVERWHELMED AM I?

HOW INSPIRED AM I?

Someone older than me who inspires me :

How I would describe my level of confidence lately :

Something I've done recently that could be described as selfless :

Last night's dream, or any dream, turned into a
short short story :

WEEK OF: _____

	Su	M	T	W	Th	F	Sa
I'M IN LOVE	○	○	○	○	○	○	○
I'M NOT IN LOVE	○	○	○	○	○	○	○
SATISFYING DAY	○	○	○	○	○	○	○
I LEARNED SOMETHING NEW	○	○	○	○	○	○	○
FRUSTRATING DAY	○	○	○	○	○	○	○
I'M LONGING FOR SOMETHING	○	○	○	○	○	○	○
I THOUGHT ABOUT MY BREATH	○	○	○	○	○	○	○
I'M FEELING SENTIMENTAL	○	○	○	○	○	○	○
I BOUGHT SOMETHING I DON'T NEED	○	○	○	○	○	○	○
I BOUGHT SOMETHING I NEED	○	○	○	○	○	○	○
I'M AFRAID OF THE FUTURE	○	○	○	○	○	○	○
I'M CONTENT	○	○	○	○	○	○	○
I'M TIRED	○	○	○	○	○	○	○
I'M RESTLESS	○	○	○	○	○	○	○
ORDINARY DAY	○	○	○	○	○	○	○
I'M WORRIED FOR NO REASON	○	○	○	○	○	○	○
I FEEL ACCOMPLISHED	○	○	○	○	○	○	○
I FEEL LOVED	○	○	○	○	○	○	○
I'M OVERWHELMED	○	○	○	○	○	○	○

HOW DID I SPEND MY TIME? (Pie chart fill-in)

ENJOYING ☐
COMPLAINING ■

IN ROUTINE ☐
IN SPONTANEITY ■

WORKING MINDFULLY ☐
WORKING MINDLESSLY ■

CONSUMING ☐
PRODUCING ■

TALKING ☐
LISTENING ■

RELAXING ☐
HUSTLING ■

INVENTORY (color in)

	a little	a lot
MOMENTUM FOR PROJECTS		
HOW TIRED AM I?		
HOW CONTENT AM I?		
HOW ANNOYED AM I?		
HOW OVERWHELMED AM I?		
HOW INSPIRED AM I?		

A time I wanted to help someone but didn't or couldn't:

A thought that has been consuming most of the week:

Do I feel connected to or separate from my culture?

A list of things that have happened that I couldn't
have predicted:

WEEK OF: _____

	Su	M	T	W	Th	F	Sa
I'M IN LOVE	○	○	○	○	○	○	○
I'M NOT IN LOVE	○	○	○	○	○	○	○
SATISFYING DAY	○	○	○	○	○	○	○
I LEARNED SOMETHING NEW	○	○	○	○	○	○	○
FRUSTRATING DAY	○	○	○	○	○	○	○
I'M LONGING FOR SOMETHING	○	○	○	○	○	○	○
I THOUGHT ABOUT MY BREATH	○	○	○	○	○	○	○
I'M FEELING SENTIMENTAL	○	○	○	○	○	○	○
I BOUGHT SOMETHING I DON'T NEED	○	○	○	○	○	○	○
I BOUGHT SOMETHING I NEED	○	○	○	○	○	○	○
I'M AFRAID OF THE FUTURE	○	○	○	○	○	○	○
I'M CONTENT	○	○	○	○	○	○	○
I'M TIRED	○	○	○	○	○	○	○
I'M RESTLESS	○	○	○	○	○	○	○
ORDINARY DAY	○	○	○	○	○	○	○
I'M WORRIED FOR NO REASON	○	○	○	○	○	○	○
I FEEL ACCOMPLISHED	○	○	○	○	○	○	○
I FEEL LOVED	○	○	○	○	○	○	○
I'M OVERWHELMED	○	○	○	○	○	○	○

HOW DID I SPEND MY TIME? (Pie chart fill-in)

ENJOYING ☐
COMPLAINING ◼

IN ROUTINE ☐
IN SPONTANEITY ◼

WORKING MINDFULLY ☐
WORKING MINDLESSLY ◼

CONSUMING ☐
PRODUCING ◼

TALKING ☐
LISTENING ◼

RELAXING ☐
HUSTLING ◼

INVENTORY (color in)

	a little	a lot
MOMENTUM FOR PROJECTS		
HOW TIRED AM I?		
HOW CONTENT AM I?		
HOW ANNOYED AM I?		
HOW OVERWHELMED AM I?		
HOW INSPIRED AM I?		

How do I feel about my country?

In this moment, my future feels _____ :

How much of my days are taken up by things I enjoy doing?

A list of things I'm sad about :

WEEK OF: _____

	Su	M	T	W	Th	F	Sa
I'M IN LOVE	○	○	○	○	○	○	○
I'M NOT IN LOVE	○	○	○	○	○	○	○
SATISFYING DAY	○	○	○	○	○	○	○
I LEARNED SOMETHING NEW	○	○	○	○	○	○	○
FRUSTRATING DAY	○	○	○	○	○	○	○
I'M LONGING FOR SOMETHING	○	○	○	○	○	○	○
I THOUGHT ABOUT MY BREATH	○	○	○	○	○	○	○
I'M FEELING SENTIMENTAL	○	○	○	○	○	○	○
I BOUGHT SOMETHING I DON'T NEED	○	○	○	○	○	○	○
I BOUGHT SOMETHING I NEED	○	○	○	○	○	○	○
I'M AFRAID OF THE FUTURE	○	○	○	○	○	○	○
I'M CONTENT	○	○	○	○	○	○	○
I'M TIRED	○	○	○	○	○	○	○
I'M RESTLESS	○	○	○	○	○	○	○
ORDINARY DAY	○	○	○	○	○	○	○
I'M WORRIED FOR NO REASON	○	○	○	○	○	○	○
I FEEL ACCOMPLISHED	○	○	○	○	○	○	○
I FEEL LOVED	○	○	○	○	○	○	○
I'M OVERWHELMED	○	○	○	○	○	○	○

HOW DID I SPEND MY TIME? (Pie chart fill-in)

ENJOYING ☐
COMPLAINING ◼

IN ROUTINE ☐
IN SPONTANEITY ◼

WORKING MINDFULLY ☐
WORKING MINDLESSLY ◼

CONSUMING ☐
PRODUCING ◼

TALKING ☐
LISTENING ◼

RELAXING ☐
HUSTLING ◼

INVENTORY (color in)

a little   a lot

MOMENTUM FOR PROJECTS

HOW TIRED AM I?

HOW CONTENT AM I?

HOW ANNOYED AM I?

HOW OVERWHELMED AM I?

HOW INSPIRED AM I?

A rumor I suspect isn't true:

Something I'm confused about:

Some gossip I secretly enjoyed hearing:

A drawing of the first thing I remember noticing this morning :

WEEK OF: _____

	Su	M	T	W	Th	F	Sa
I'M IN LOVE	O	O	O	O	O	O	O
I'M NOT IN LOVE	O	O	O	O	O	O	O
SATISFYING DAY	O	O	O	O	O	O	O
I LEARNED SOMETHING NEW	O	O	O	O	O	O	O
FRUSTRATING DAY	O	O	O	O	O	O	O
I'M LONGING FOR SOMETHING	O	O	O	O	O	O	O
I THOUGHT ABOUT MY BREATH	O	O	O	O	O	O	O
I'M FEELING SENTIMENTAL	O	O	O	O	O	O	O
I BOUGHT SOMETHING I DON'T NEED	O	O	O	O	O	O	O
I BOUGHT SOMETHING I NEED	O	O	O	O	O	O	O
I'M AFRAID OF THE FUTURE	O	O	O	O	O	O	O
I'M CONTENT	O	O	O	O	O	O	O
I'M TIRED	O	O	O	O	O	O	O
I'M RESTLESS	O	O	O	O	O	O	O
ORDINARY DAY	O	O	O	O	O	O	O
I'M WORRIED FOR NO REASON	O	O	O	O	O	O	O
I FEEL ACCOMPLISHED	O	O	O	O	O	O	O
I FEEL LOVED	O	O	O	O	O	O	O
I'M OVERWHELMED	O	O	O	O	O	O	O

HOW DID I SPEND MY TIME? (Pie chart fill-in)

⊙	⊙	⊙
ENJOYING ☐	IN ROUTINE ☐	WORKING MINDFULLY ☐
COMPLAINING ◼	IN SPONTANEITY ◼	WORKING MINDLESSLY ◼
⊙	⊙	⊙
CONSUMING ☐	TALKING ☐	RELAXING ☐
PRODUCING ◼	LISTENING ◼	HUSTLING ◼

INVENTORY (color in)

a little   a lot

MOMENTUM FOR PROJECTS

HOW TIRED AM I?

HOW CONTENT AM I?

HOW ANNOYED AM I?

HOW OVERWHELMED AM I?

HOW INSPIRED AM I?

Something I said at the height of emotion that I didn't really mean:

How changeable are my emotions lately?

Is it better to feel emotional or to feel neutral?

Unwelcome comments I'd like to forget :

WEEK OF: _____

	Su	M	T	W	Th	F	Sa
I'M IN LOVE	O	O	O	O	O	O	O
I'M NOT IN LOVE	O	O	O	O	O	O	O
SATISFYING DAY	O	O	O	O	O	O	O
I LEARNED SOMETHING NEW	O	O	O	O	O	O	O
FRUSTRATING DAY	O	O	O	O	O	O	O
I'M LONGING FOR SOMETHING	O	O	O	O	O	O	O
I THOUGHT ABOUT MY BREATH	O	O	O	O	O	O	O
I'M FEELING SENTIMENTAL	O	O	O	O	O	O	O
I BOUGHT SOMETHING I DON'T NEED	O	O	O	O	O	O	O
I BOUGHT SOMETHING I NEED	O	O	O	O	O	O	O
I'M AFRAID OF THE FUTURE	O	O	O	O	O	O	O
I'M CONTENT	O	O	O	O	O	O	O
I'M TIRED	O	O	O	O	O	O	O
I'M RESTLESS	O	O	O	O	O	O	O
ORDINARY DAY	O	O	O	O	O	O	O
I'M WORRIED FOR NO REASON	O	O	O	O	O	O	O
I FEEL ACCOMPLISHED	O	O	O	O	O	O	O
I FEEL LOVED	O	O	O	O	O	O	O
I'M OVERWHELMED	O	O	O	O	O	O	O

HOW DID I SPEND MY TIME? (Pie chart fill-in)

ENJOYING ☐
COMPLAINING ■

IN ROUTINE ☐
IN SPONTANEITY ■

WORKING MINDFULLY ☐
WORKING MINDLESSLY ■

CONSUMING ☐
PRODUCING ■

TALKING ☐
LISTENING ■

RELAXING ☐
HUSTLING ■

INVENTORY (color in)

a little   a lot

MOMENTUM FOR PROJECTS

HOW TIRED AM I?

HOW CONTENT AM I?

HOW ANNOYED AM I?

HOW OVERWHELMED AM I?

HOW INSPIRED AM I?

How connected do I feel to my own body?

Has my mind been generally noisy or quiet?

The best sensory experience I had all week:

An ongoing list of good ideas for when I'm out of ideas:

WEEK OF: _____

	Su	M	T	W	Th	F	Sa
I'M IN LOVE	○	○	○	○	○	○	○
I'M NOT IN LOVE	○	○	○	○	○	○	○
SATISFYING DAY	○	○	○	○	○	○	○
I LEARNED SOMETHING NEW	○	○	○	○	○	○	○
FRUSTRATING DAY	○	○	○	○	○	○	○
I'M LONGING FOR SOMETHING	○	○	○	○	○	○	○
I THOUGHT ABOUT MY BREATH	○	○	○	○	○	○	○
I'M FEELING SENTIMENTAL	○	○	○	○	○	○	○
I BOUGHT SOMETHING I DON'T NEED	○	○	○	○	○	○	○
I BOUGHT SOMETHING I NEED	○	○	○	○	○	○	○
I'M AFRAID OF THE FUTURE	○	○	○	○	○	○	○
I'M CONTENT	○	○	○	○	○	○	○
I'M TIRED	○	○	○	○	○	○	○
I'M RESTLESS	○	○	○	○	○	○	○
ORDINARY DAY	○	○	○	○	○	○	○
I'M WORRIED FOR NO REASON	○	○	○	○	○	○	○
I FEEL ACCOMPLISHED	○	○	○	○	○	○	○
I FEEL LOVED	○	○	○	○	○	○	○
I'M OVERWHELMED	○	○	○	○	○	○	○

HOW DID I SPEND MY TIME? (Pie chart fill-in)

ENJOYING ☐
COMPLAINING ■

IN ROUTINE ☐
IN SPONTANEITY ■

WORKING MINDFULLY ☐
WORKING MINDLESSLY ■

CONSUMING ☐
PRODUCING ■

TALKING ☐
LISTENING ■

RELAXING ☐
HUSTLING ■

INVENTORY (color in)

a little   a lot

MOMENTUM FOR PROJECTS

HOW TIRED AM I?

HOW CONTENT AM I?

HOW ANNOYED AM I?

HOW OVERWHELMED AM I?

HOW INSPIRED AM I?

To what extent do I live in fear?

How can I live more fearlessly?

One thing I can do to lighten up under pressure:

A drawing made with my eyes closed:

WEEK OF: _____

	Su	M	T	W	Th	F	Sa
I'M IN LOVE	○	○	○	○	○	○	○
I'M NOT IN LOVE	○	○	○	○	○	○	○
SATISFYING DAY	○	○	○	○	○	○	○
I LEARNED SOMETHING NEW	○	○	○	○	○	○	○
FRUSTRATING DAY	○	○	○	○	○	○	○
I'M LONGING FOR SOMETHING	○	○	○	○	○	○	○
I THOUGHT ABOUT MY BREATH	○	○	○	○	○	○	○
I'M FEELING SENTIMENTAL	○	○	○	○	○	○	○
I BOUGHT SOMETHING I DON'T NEED	○	○	○	○	○	○	○
I BOUGHT SOMETHING I NEED	○	○	○	○	○	○	○
I'M AFRAID OF THE FUTURE	○	○	○	○	○	○	○
I'M CONTENT	○	○	○	○	○	○	○
I'M TIRED	○	○	○	○	○	○	○
I'M RESTLESS	○	○	○	○	○	○	○
ORDINARY DAY	○	○	○	○	○	○	○
I'M WORRIED FOR NO REASON	○	○	○	○	○	○	○
I FEEL ACCOMPLISHED	○	○	○	○	○	○	○
I FEEL LOVED	○	○	○	○	○	○	○
I'M OVERWHELMED	○	○	○	○	○	○	○

HOW DID I SPEND MY TIME? (Pie chart fill-in)

ENJOYING ☐
COMPLAINING ◼

IN ROUTINE ☐
IN SPONTANEITY ◼

WORKING MINDFULLY ☐
WORKING MINDLESSLY ◼

CONSUMING ☐
PRODUCING ◼

TALKING ☐
LISTENING ◼

RELAXING ☐
HUSTLING ◼

INVENTORY (color in)

a little   a lot

MOMENTUM FOR PROJECTS

HOW TIRED AM I?

HOW CONTENT AM I?

HOW ANNOYED AM I?

HOW OVERWHELMED AM I?

HOW INSPIRED AM I?

Something I've gotten used to that I never thought I would :

Something I don't think I'll ever get used to :

Something I have contradictory feelings about :

A letter to someone I'll never send :

WEEK OF: _____

	Su	M	T	W	Th	F	Sa
I'M IN LOVE	○	○	○	○	○	○	○
I'M NOT IN LOVE	○	○	○	○	○	○	○
SATISFYING DAY	○	○	○	○	○	○	○
I LEARNED SOMETHING NEW	○	○	○	○	○	○	○
FRUSTRATING DAY	○	○	○	○	○	○	○
I'M LONGING FOR SOMETHING	○	○	○	○	○	○	○
I THOUGHT ABOUT MY BREATH	○	○	○	○	○	○	○
I'M FEELING SENTIMENTAL	○	○	○	○	○	○	○
I BOUGHT SOMETHING I DON'T NEED	○	○	○	○	○	○	○
I BOUGHT SOMETHING I NEED	○	○	○	○	○	○	○
I'M AFRAID OF THE FUTURE	○	○	○	○	○	○	○
I'M CONTENT	○	○	○	○	○	○	○
I'M TIRED	○	○	○	○	○	○	○
I'M RESTLESS	○	○	○	○	○	○	○
ORDINARY DAY	○	○	○	○	○	○	○
I'M WORRIED FOR NO REASON	○	○	○	○	○	○	○
I FEEL ACCOMPLISHED	○	○	○	○	○	○	○
I FEEL LOVED	○	○	○	○	○	○	○
I'M OVERWHELMED	○	○	○	○	○	○	○

HOW DID I SPEND MY TIME? (Pie chart fill-in)

ENJOYING ☐
COMPLAINING ■

IN ROUTINE ☐
IN SPONTANEITY ■

WORKING MINDFULLY ☐
WORKING MINDLESSLY ■

CONSUMING ☐
PRODUCING ■

TALKING ☐
LISTENING ■

RELAXING ☐
HUSTLING ■

INVENTORY (color in)

a little   a lot

MOMENTUM FOR PROJECTS

HOW TIRED AM I?

HOW CONTENT AM I?

HOW ANNOYED AM I?

HOW OVERWHELMED AM I?

HOW INSPIRED AM I?

An opinion I haven't ever wavered on:

A belief that has changed over time:

A time I caught myself being unfairly judgmental:

A list of things I've deprived myself of for no good reason:

WEEK OF: _____

	Su	M	T	W	Th	F	Sa
I'M IN LOVE	○	○	○	○	○	○	○
I'M NOT IN LOVE	○	○	○	○	○	○	○
SATISFYING DAY	○	○	○	○	○	○	○
I LEARNED SOMETHING NEW	○	○	○	○	○	○	○
FRUSTRATING DAY	○	○	○	○	○	○	○
I'M LONGING FOR SOMETHING	○	○	○	○	○	○	○
I THOUGHT ABOUT MY BREATH	○	○	○	○	○	○	○
I'M FEELING SENTIMENTAL	○	○	○	○	○	○	○
I BOUGHT SOMETHING I DON'T NEED	○	○	○	○	○	○	○
I BOUGHT SOMETHING I NEED	○	○	○	○	○	○	○
I'M AFRAID OF THE FUTURE	○	○	○	○	○	○	○
I'M CONTENT	○	○	○	○	○	○	○
I'M TIRED	○	○	○	○	○	○	○
I'M RESTLESS	○	○	○	○	○	○	○
ORDINARY DAY	○	○	○	○	○	○	○
I'M WORRIED FOR NO REASON	○	○	○	○	○	○	○
I FEEL ACCOMPLISHED	○	○	○	○	○	○	○
I FEEL LOVED	○	○	○	○	○	○	○
I'M OVERWHELMED	○	○	○	○	○	○	○

HOW DID I SPEND MY TIME? (Pie chart fill-in)

○	○	○
ENJOYING ☐	IN ROUTINE ☐	WORKING MINDFULLY ☐
COMPLAINING ■	IN SPONTANEITY ■	WORKING MINDLESSLY ■
○	○	○
CONSUMING ☐	TALKING ☐	RELAXING ☐
PRODUCING ■	LISTENING ■	HUSTLING ■

INVENTORY (color in)

a little   a lot

MOMENTUM FOR PROJECTS

HOW TIRED AM I?

HOW CONTENT AM I?

HOW ANNOYED AM I?

HOW OVERWHELMED AM I?

HOW INSPIRED AM I?

Something I failed at and it's OK :

Someone I've loved and never told them :

A secret I feel guilty about keeping :

A secret I feel guilty about telling :

Some ways the circumstances of my life have shifted over time:

WEEK OF: _____

	Su	M	T	W	Th	F	Sa
I'M IN LOVE	○	○	○	○	○	○	○
I'M NOT IN LOVE	○	○	○	○	○	○	○
SATISFYING DAY	○	○	○	○	○	○	○
I LEARNED SOMETHING NEW	○	○	○	○	○	○	○
FRUSTRATING DAY	○	○	○	○	○	○	○
I'M LONGING FOR SOMETHING	○	○	○	○	○	○	○
I THOUGHT ABOUT MY BREATH	○	○	○	○	○	○	○
I'M FEELING SENTIMENTAL	○	○	○	○	○	○	○
I BOUGHT SOMETHING I DON'T NEED	○	○	○	○	○	○	○
I BOUGHT SOMETHING I NEED	○	○	○	○	○	○	○
I'M AFRAID OF THE FUTURE	○	○	○	○	○	○	○
I'M CONTENT	○	○	○	○	○	○	○
I'M TIRED	○	○	○	○	○	○	○
I'M RESTLESS	○	○	○	○	○	○	○
ORDINARY DAY	○	○	○	○	○	○	○
I'M WORRIED FOR NO REASON	○	○	○	○	○	○	○
I FEEL ACCOMPLISHED	○	○	○	○	○	○	○
I FEEL LOVED	○	○	○	○	○	○	○
I'M OVERWHELMED	○	○	○	○	○	○	○

HOW DID I SPEND MY TIME? (Pie chart fill-in)

ENJOYING ☐
COMPLAINING ■

IN ROUTINE ☐
IN SPONTANEITY ■

WORKING MINDFULLY ☐
WORKING MINDLESSLY ■

CONSUMING ☐
PRODUCING ■

TALKING ☐
LISTENING ■

RELAXING ☐
HUSTLING ■

INVENTORY (color in)

a little   a lot

MOMENTUM FOR PROJECTS

HOW TIRED AM I?

HOW CONTENT AM I?

HOW ANNOYED AM I?

HOW OVERWHELMED AM I?

HOW INSPIRED AM I?

The hardest thing I've ever done:

Something that seemed hard at the time :

Something I've gotten better at over time :

A list of doubts I have :

WEEK OF: _____

	Su	M	T	W	Th	F	Sa
I'M IN LOVE	○	○	○	○	○	○	○
I'M NOT IN LOVE	○	○	○	○	○	○	○
SATISFYING DAY	○	○	○	○	○	○	○
I LEARNED SOMETHING NEW	○	○	○	○	○	○	○
FRUSTRATING DAY	○	○	○	○	○	○	○
I'M LONGING FOR SOMETHING	○	○	○	○	○	○	○
I THOUGHT ABOUT MY BREATH	○	○	○	○	○	○	○
I'M FEELING SENTIMENTAL	○	○	○	○	○	○	○
I BOUGHT SOMETHING I DON'T NEED	○	○	○	○	○	○	○
I BOUGHT SOMETHING I NEED	○	○	○	○	○	○	○
I'M AFRAID OF THE FUTURE	○	○	○	○	○	○	○
I'M CONTENT	○	○	○	○	○	○	○
I'M TIRED	○	○	○	○	○	○	○
I'M RESTLESS	○	○	○	○	○	○	○
ORDINARY DAY	○	○	○	○	○	○	○
I'M WORRIED FOR NO REASON	○	○	○	○	○	○	○
I FEEL ACCOMPLISHED	○	○	○	○	○	○	○
I FEEL LOVED	○	○	○	○	○	○	○
I'M OVERWHELMED	○	○	○	○	○	○	○

HOW DID I SPEND MY TIME? (Pie chart fill-in)

ENJOYING ☐
COMPLAINING ■

IN ROUTINE ☐
IN SPONTANEITY ■

WORKING MINDFULLY ☐
WORKING MINDLESSLY ■

CONSUMING ☐
PRODUCING ■

TALKING ☐
LISTENING ■

RELAXING ☐
HUSTLING ■

INVENTORY (color in)

a little   a lot

MOMENTUM FOR PROJECTS

HOW TIRED AM I?

HOW CONTENT AM I?

HOW ANNOYED AM I?

HOW OVERWHELMED AM I?

HOW INSPIRED AM I?

How quickly do I fall asleep these days?

What happened today, in 5 words:

Something or someone I find totally exhausting:

A list of topics I'd research if I had time :

WEEK OF: _____

	Su	M	T	W	Th	F	Sa
I'M IN LOVE	O	O	O	O	O	O	O
I'M NOT IN LOVE	O	O	O	O	O	O	O
SATISFYING DAY	O	O	O	O	O	O	O
I LEARNED SOMETHING NEW	O	O	O	O	O	O	O
FRUSTRATING DAY	O	O	O	O	O	O	O
I'M LONGING FOR SOMETHING	O	O	O	O	O	O	O
I THOUGHT ABOUT MY BREATH	O	O	O	O	O	O	O
I'M FEELING SENTIMENTAL	O	O	O	O	O	O	O
I BOUGHT SOMETHING I DON'T NEED	O	O	O	O	O	O	O
I BOUGHT SOMETHING I NEED	O	O	O	O	O	O	O
I'M AFRAID OF THE FUTURE	O	O	O	O	O	O	O
I'M CONTENT	O	O	O	O	O	O	O
I'M TIRED	O	O	O	O	O	O	O
I'M RESTLESS	O	O	O	O	O	O	O
ORDINARY DAY	O	O	O	O	O	O	O
I'M WORRIED FOR NO REASON	O	O	O	O	O	O	O
I FEEL ACCOMPLISHED	O	O	O	O	O	O	O
I FEEL LOVED	O	O	O	O	O	O	O
I'M OVERWHELMED	O	O	O	O	O	O	O

HOW DID I SPEND MY TIME? (Pie chart fill-in)

ENJOYING ☐
COMPLAINING ■

IN ROUTINE ☐
IN SPONTANEITY ■

WORKING MINDFULLY ☐
WORKING MINDLESSLY ■

CONSUMING ☐
PRODUCING ■

TALKING ☐
LISTENING ■

RELAXING ☐
HUSTLING ■

INVENTORY (color in)

a little   a lot

MOMENTUM FOR PROJECTS

HOW TIRED AM I?

HOW CONTENT AM I?

HOW ANNOYED AM I?

HOW OVERWHELMED AM I?

HOW INSPIRED AM I?

An awkward moment I'd rather not remember:

Something I keep putting off:

Something I'm holding on to that I need to let go of:

Some ways my outlook has changed over time:

QUARTERLY SURVEY

Date:

Check all that apply.

- ☐ I'M OK
- ☐ I'M NOT OK
- ☐ I REEK OF DESPERATION
- ☐ I'M BORED
- ☐ I'VE LOST ALL TRUST IN AUTHORITY
- ☐ I'M EXCITED ABOUT THE FUTURE
- ☐ I'M NERVOUS ABOUT THE FUTURE
- ☐ I'M IN LOVE
- ☐ I'M NOT IN LOVE
- ☐ I'M OVERWHELMED
- ☐ I'M SLEEPING WELL
- ☐ I'M CONFLICTED
- ☐ I'M AT PEACE
- ☐ I'M HAVING A HARD TIME
- ☐ I'M IN LOVE WITH SOMEONE WHO LOVES ME BACK
- ☐ I'M IN LOVE WITH SOMEONE WHO'S INDIFFERENT
- ☐ I'M OBSESSING OVER THINGS I CAN'T CONTROL
- ☐ I'M OPTIMISTIC
- ☐ I'M FEELING NOSTALGIC
- ☐ I'M EATING WELL

Regarding my mood:
(circle all that apply)

need to run   looks good from the outside

          ok   needs improvement

confusing
                              infuriating
          I'm anxious

I'm optimistic   joyful

          I'm thankful   I'm pretending to be happy

               I'm at peace
I'm in control
                         I'm disgusted

          I'm content

ABOUT THE AUTHOR

MIA NOLTING is an artist and illustrator from California who makes drawings and designs for magazines, books, murals, campaigns, and film projects around the world. This is her first book.

Thank you to my friend Linda Hutchins, whose exercise log inspired the original "multiple choice diary" on which this book is based.